느낌 아는 이 여사의
골프이야기

유·머·로·즐·기·는·골·프

느낌 아는 이 여사의 골프 이야기

이영숙 지음

도서출판 **타래**

느낌 아는 이 여사의
골프이야기

초판 1쇄 인쇄 | 2014년 4월 5일
초판 1쇄 발행 | 2014년 4월 10일

지은이 | 이영숙
펴낸이 | 이성범
펴낸곳 | 도서출판 타래
디자인 | (주)우일미디어디지텍
인 쇄 | 우일프린테크

주소 | 서울시 마포구 성지3길 29 그레이트빌딩 3층
전화 | (02)2277-9684~5, 070-7012-4755 / 팩스 | (02)323-9686
전자우편 | taraepub@nate.com
출판등록 | 제2012-000232호

ISBN 978-89-8250-039-8 13690

· 값은 뒤표지에 있습니다.
· 파본은 구입한 서점에서 교환해 드립니다.

글머리에

　2003년도에 나는 1년간 연구 목적으로 가는 남편을 따라 미국엘 갈 수 있었다. 물설고 낯선 미국에서 무얼 할 수 있을까 고민하다 생각해낸 것이 골프였다. 미국에만 가면 골프가 저절로 되는 줄 알았던 나는 남편을 졸라 중고 골프채를 하나 사가지고 비행기에 몸을 실었다.
　남편은 전부터 골프를 조금씩 쳤기 때문에 90대 후반 정도는 치는 실력이었지만, 나는 파(Par)가 무엇인지도 모르는 초짜였다.
　그런데 미국으로 떠나기 전에 남편이 이상무 화백의 『싱글로 가는 길』이라는 만화 교본을 사가지고 오더니 미국에 가서 보라고 하는 것이었다. 솔직히 만화라 보기는 쉬웠지만 내가 제대로 흉내를 내고 있는지는 알 수가 없었다.
　내 스윙 폼을 보던 남편이 만화와 비교하면서 여기가 틀렸네, 저기가 잘못됐네 하면서 지적을 해주었지만, 나로서는 그게 무슨 말인지 전혀 이해가 되지 않았다.

다행스럽게도 미국은 한국과는 달리, 반드시 4명이 되어야 플레이를 할 수 있는 것은 아니었기 때문에, 나는 어느 날 남편을 졸라서 무작정 필드로 나섰다.

두근거리는 심정으로 티에 공을 올려놓은 나는 만화에서 본 대로 드라이버를 휘둘렀지만, 공은 앞으로 나가지 않고 그대로 있었다. 두 번째, 세 번째도 마찬가지였다. 네 번째에 가서야 가까스로 드라이버로 공을 맞췄는데, 공이 앞으로 나가지 않고 옆으로 20미터쯤 나갔다.

그렇게 정신없이 18홀을 다 돌았는데, 어떻게 그 많은 홀을 돌았는지 기억도 없고, 총 몇 타를 쳤는지 계산도 되지 않았다.

그런데 필드를 한번 나갔다 오니까 『싱글로 가는 길』이 보이기 시작했다. 그전에는 그렇게 이해를 하려고 해도 안 되었던 것이 아주 쉽게 이해되는 것이었다.

그래서 혼자 방에서 연습을 하다가 벽에 흠집을 내고는 남편에게 혼난 적이 한두 번이 아니었다. 그리고는 주말만 되면 남편을 졸라서 필드로 나갔다.

처음에는 마지못해 데리고 나가던 남편이 한 달쯤 지나 내가 제법 공을 맞추자, 학교에 가지 않는 날에는 자기가 먼저 필드로 나가자고 했다.

그렇게 해서 2개월 만에 100타를 깼고, 5개월이 지났을 때에는 90타를 치게 되었으며, 8개월 만인 10월 29일에 마침내 80타로 싱글을 기록할 수 있었다. 물론 나에게 골프를 가르쳐준 남편은 그때까지도 90타의 벽을 깨지 못했다.

그리고 남편의 연구기간이 끝나 한국으로 돌아왔지만, 한국에서는 라운딩 비용이 워낙 많이 들기 때문에 필드에 자주 나갈 수가 없었다.

나는 그때부터 꿩 대신 닭이라고 어쩔 수 없이 스크린에서 실력을 닦는 수밖에 없었고, 2012년에 다시 남편을 따라 미국에 가서 대망의 언더 파(-2)를 기록할 수 있었다.

그리고 이번에 미국에서 1년간 골프를 치면서 그때그때 일기 형식으로 메모해두었던 것을 정리해서 책으로 내게 되었다.

나는 이 책이 골프 입문 과정에서 고민하는 많은 분들에게 조금이나마 도움이 되었으면 하는 바람을 가지고, 가벼운 룰과 조크를 통해 보다 쉽고 재미있게 골프를 즐기길 바라는 마음으로 즐겁게 원고를 썼다.

이제 이 책을 내면서 어려운 여건 속에서도 골프를 치게 해준 남편과 아이들에게 항상 감사하고 있다는 인사를 전한다.

필자 이 영 숙

목차

글머리에 ... 5

골프 매너를 갖추면 인격이 달라 보인다 ... 11

재미있는 골프 역사(영국편) ... 21

재미있는 골프 역사(미국편) ... 27

한국의 골프사 1 ... 31

한국의 골프사 2 ... 37

내게 맞는 골프공은 어떤 것일까? ... 42

골프공은 어떤 색을 쓰는 것이 좋을까? ... 48

골프 경기에서 처음부터 고무공을 썼을까? ... 52

여자 혼자 골프를 치다 ... 59

골프 내기에서 남자들의 콧대를 꺾다 ... 66

참 장타십니다! ... 72

세 번씩이나 클럽을 잃어버리다 ... 79

열쇠 좀 잃어버려봐야 정신 차리지? ... 86

양보 좀 하면 어디가 덧나냐? ... 92
컬럼버스 시합에서 우승을 하다 ... 98
한국 골퍼는 아무도 못 말려 ... 104
한 손 골퍼와 플레이를 하다 ... 111
S에게 골프 접대를 하다 ... 117
S와 힐링 골프를 즐기다 ... 124
미국 여자들과 겨루다 ... 130
황당한 신시내티 한인 골프대회 ... 136
이건 뭐 시골버스도 아니고 ... 144
사장님! 제발 짓밟지 마세요 ... 151
생애 첫 이글을 기록하다 ... 154
이글도 해보니까 잘 되네 ... 160
골프에서 가장 중요한 것은 무엇일까? ... 166
나이아가라 폭포에서 골프를 치다 ... 171

또 이글이야? ... 178

과연 매니저는 능력자인가? ... 184

토론토에서 골프를 치다 ... 189

유태인 부자와 라운딩을 하다 ... 195

머그씨와 두 번째 라운딩을 하다 ... 201

연습 스윙은 어떻게 하는 것이 좋을까? ... 208

이글은 주변 사람을 즐겁게 한다 ... 214

위 아 더 월드, 삼인종이 함께 골프를 치다 ... 220

오하이오주 한인회 시합에 참가하다 ... 227

레슨 프로, P씨와 라운딩을 하다 ... 232

'캐디'는 어디서 온 말일까? ... 238

신지애의 킹스밀 참피온십 우승을 보면서 ... 245

사이클 버디를 기록하다 ... 251

골프 매너를 갖추면 인격이 달라 보인다

골프에서는 매너가 가장 중요하다. 스코어가 나쁜 사람과는 라운딩을 함께 할 수 있어도 매너가 나쁜 사람과는 정말로 함께 하기 어려운 게 골프다.

좋은 매너란 기본적인 룰과 에티켓을 숙지하고 준수하면서 다른 사람에 대한 배려심을 갖고 행동하는 것이다.

그렇다면 지금부터 골프 매너에 대해 알아보자.

골프클럽 입장 시

늦어도 티타임 30분 전에는 골프장에 도착해야 하며, 도중에 예상치 못한 교통사고 등으로 시간이 늦어질 경우에는 반드시 프런트와 동반자에게 전화로 알려주어야 한다.

그리고 골프장에 도착하면 골프백을 내려놓는데, 이때 네임 택(이름표)을 붙이지 않아 캐디들을 곤혹스럽게 하는 사람들이 가끔 있다. 이런 경우 십중팔구는 남의 이름으로 골프를 치는 사람으로, 매너 이전에 양심에 문제가 있는 사람들이다.

의상 매너와 관련해서는 각 골프장마다 복장에 대한 규정이 조금씩 다르기 때문에 일괄적으로 말하기는 쉽지 않지만, 일반적으로 소매 및 깃(칼라)이 없거나 속에 입은 옷이 비치는 상의나 반바지, 그리고 청바지 등 주름이 잡히지 않은 바지, 샌달 등은 착용하지 않는 것이 에티켓이다. 고급 클럽에서는 넥타이를 맬 것을 요구하기도 한다.

미국의 경우에는 반바지나 트레이닝복 차림으로 골프장에 가는 사람들이 많은데, 그로 인해 유럽 사람들에게 상놈이라는 소리를 듣기도 한다. 또 귀찮다는 이유로 골프복을 입은 채로 가는 사람이 있는데, 축구선수나 레슬링선수 등이 운동복 차림으로 차를 몰고 다니는 모습을 상상해보라.

그리고 간혹 보면 체크인을 하는 프런트 앞에서 맨손으로 스윙연습을 하는 사람들이 있는데, 오죽이나 불안하면 그러나 싶기도 하지만, 프런트는 클럽의 얼굴이고 이미지다. 다른 사람에게 불쾌감을 줄 정도로 큰 소리로 인사를 하거나 맨손체조를 하는 등의 행위는 하지 않는 것이 매너다.

매너 없는 인간 시리즈 1

- 매일 자기도 끼워 달라고 하도 졸라대서 한번 끼워 줬더니 하루 전날 전화해서 "나, 못 가" 하는 인간
- 늦지 않게 일찍 오라고 며칠 전부터 전화하고 정작 본인은 늦는 인간
- 자기 차는 죽어라고 안 가지고 오면서 자기 집 앞까지 꼭 데리러 오라고 하는 인간
- 남이 돈을 따면 이왕 늦었으니 저녁 먹고 가자고 하면서, 자기가 따면 길 밀리니 빨리 올라가야 한다고 하는 인간
- 남이 새 클럽 사면 꼭 쳐보자고 우겨서 새 클럽에 흠집 내는 인간
- 자기 타수는 잘못 세면서 다른 사람 것은 죽어라 세고 다니는 인간
- 분명히 보기인데, 파라고 부득부득 우기는 인간
- 호주머니 속에 예비 공 하나 안 넣어가지고 다니면서 오비내고는 남한테 공 빌리고 안 주는 인간
- 벙커에서 남이 보면 정리 잘하고, 안보면 대충 발로 정리하고 나오는 인간
- 남의 퍼팅 라인을 일부러 밟고 다니면서 언니가 라인을 잘 봐주지 않았다고 투덜대는 인간
- 필드 와서 전화로 "야, 5억 들어오면 2억 결제해주고…." 어쩌고 하면서 온갖 허세를 떨며 사무 보는 인간(그러면서 골프장 회원권도 없는 인간)
- 공 찾는다고 혼자 냅다 뛰어가서 슬쩍 알까기 해놓고 "여기 있다"고 고함치는 인간
- 누가 따고 잃었는지 그것만 계산하는 인간
- 핸디 받은 것까지 합해서 잃었다고 징징대는 인간
- 라운딩 끝내고 신발도 안 털고 라커룸 가는 인간

라운딩 시

티오프 10분 전에는 동반자와 함께 스타트 지점에서 대기해야 한다.

골프장마다 스타트 지점에 스윙 연습을 할 수 있도록 금속제 거울 등을 비치해 놓은 곳이 있으므로, 반드시 그곳에서 스윙 연습을 하는 것이 좋다. 아무 곳에서나 스윙 연습을 하게 되면 에티켓 문제를 떠나 다른 사람의 안전에까지 영향을 주므로 주의하자.

그리고 만약 동반자가 티오프 시간까지 도착하지 않았다면 정해진 시간에 일단 출발을 하고, 늦는 사람은 나중에 합류하도록 해야 한다.

또한 티잉 그라운드에는 티샷을 하는 플레이어만 올라가는 것이 에티켓이고, 티샷 전에는 2회 이내의 연습 스윙을 하는 것이 매너이며, 동반자 역시 플레이어가 스트로크를 하는 동안에는 떠들거나 움직이지 않는 것이 매너다.

가끔 동반자가 스트로크를 하고 있는데, 앞으로 걸어 나가는 사람들이 있는데, 매너에 어긋날 뿐만 아니라 매우 위험한 행동이다.

걸음은 빨리, 스윙은 천천히 하라는 말이 있다. 스윙은 여유를 가지고 천천히 하지만, 일단 스트로크를 한 후에는 빨리 이동하는 것이 매너다.

또한 스트로크 전에 연습 스윙을 하는데 이때는 가급적 디봇을 만들지 않는 것이 매너이고, 스트로크를 해서 디봇이 만들어졌을 때는 반드시 그 디봇 떡을 주워다 디봇자국을 메꿔주고 발로 잘 밟아주는 것이 매너다.

그리고 가급적이면 플레이 도중에는 담배를 피우지 않는 것이 매너지만, 도저히 참을 수 없을 경우에는 재떨이가 있는 곳에서 담배를 피우는 것이 에티켓이다.

벙커로 들어갈 때는 가능한 한 가장 가까운 거리로 들어가며, 샷을 한 후에는 반드시 고무래로 뒷정리를 해야 한다. 온 그린이 되었을 때, 공은 캐디에게 닦아달라고 할 수 있지만, 홀 조준은 플레이어가 직접 하는 것이 좋다. 만약 조준까지 캐디에게 부탁했다면 마음에 들지 않더라도 손대지 않고 그대로 오조준을 해서 치는 것이 매너다.

그린 위에서는 홀에서 먼 사람부터 퍼팅을 하는 것이 룰이며 에티켓이고, 오케이를 주면 즉시 "감사합니다" 하면서 공을 집는 것이 매너다. 이때 꼭 땡그랑 소리를 듣겠다고 한 손으로 퍼팅을 하는 사람이 있는데, '집시'라는 소리를 들어 마땅하다.

담배를 물고 퍼팅을 한다거나 담뱃재를 그린에 떨어뜨리는 플레이어는 에티켓도 없고 매너도 없는 사람이기 때문에 가급적이면 함께 플레이를 하지 않는 것이 좋다. 같은 조의 퍼팅이 모두 끝나면 홀 핀을 똑바로 세워놓고 지체 없이 그린을 떠나 다음 홀로 이동해야 한다.

또한 자신의 스코어는 다음 홀로 이동해서 본인이 직접 적는 것이 매너이며, 한 사람이 대표로 적을 경우에도 다음 홀로 이동해서 적는 것이 뒷팀을 배려한 매너이다.

잠정구를 쳐야 할 경우에는 동반자가 모두 샷을 하고 난 후에 치는 것이 에티켓이며, 플레이가 끝난 후에는 소지품과 골프 클럽 등을 직접 확인해야 하고, 클럽하우스에 들어가기 전에 신발이나 옷의 먼지를 깨끗이 터는 것이 올바른 골퍼의 매너다.

휴대전화

플레이 이전에 휴대전화의 전원을 끄는 것이 에티켓이다. 전원을 꺼서는 안 될 급한 일이 있을 경우에는 일단 전화를 받고, 상황을 알려 나중에 다시 통화하도록 한다.

돈내기

여전히 논쟁거리로 남아 있는 문제지만, 필자의 입장에서는 하지 않는 것이 좋다고 생각한다. 만약 내기를 한다면 반드시 돈을 지불하는 것이 매너다.

조언

가급적 플레이 중에는 조언을 하지 않는 것이 좋다. 조언이 꼭 필요하다면 플레이가 끝난 후에 하는 게 좋다.

카트

카트는 택시가 아니다. 너무 공 가까이 갖다 대거나 자기 위주로 대달라고 해서는 안 되며, 거리 계산에 자신이 없을 때는 두 세 개의 클럽을 함께 뽑아 가지고 가는 것이 매너다.

적절하게 말해야 한다

말할 때(이동 시, 대기 시)와 하지 말아야 할 때(동반자가 스트로크를 할 때)를 잘 구별해야 하며, 해서는 안 될 말(야지)과 해야 할 말(분위기를 좋게 하는 조크)도 구분해야 한다.

매너 없는 인간 시리즈 2

- 목욕탕을 수영장으로 착각하고 텀벙거리며 수영하는 인간
- 지갑을 라커룸에 두고 왔다며 돈 빌려서 내기한 후 따면 갚고, 잃으면 그냥 시치미 떼는 인간
- 오비 공 찾는다고 숲에 들어가서 자기 공만 찾아가지고 나오지 않고 한참 있다가 공 한 타스를 양손에 들고 와서 희희낙락하는 인간
- 안 맞으면 하늘이 무너진 것처럼 자학하는 인간
- 목욕탕에 있는 로션으로 전신 마사지하면서 반 병을 다 쓰는 인간
- 공도 확인 안하고 좋은 자리에 있는 공 무조건 쳐대는 인간
- 남이 퍼팅할 때 거리 잰다고 왔다 갔다 하는 인간
- 남들 몰래 자기만 일찍 와서 비싼 밥 주문해 먹고 커피까지 마신 후에 나중에 인원수대로 나누어내야 한다고 박박 우기는 인간

골프에서 일반적으로 사용되는 용어

갤러리: 관중
그립: 골프채를 쥐는 방법 또는 쥐는 부분
니어리스트: 깃대에 가장 가깝게 붙인 사람(미국에서는 클로즈드 핀이라고 한다)
더블 보기: 해당 홀에서 정한 기준 타수보다 2타 더 치는 것
더블 파(양파): 해당 홀에서 정한 기준 타수의 2배를 치는 것
도그레그: 어떤 홀이 개의 뒷다리처럼 크게 휘어져 있는 것
디봇: 클럽의 스윙에 의해 파여 나간 잔디
딤플: 볼 표면의 오목 오목 들어간 것
라이: 볼이 놓여 있는 상태
라인: 볼이 굴러가는 선
로스트 볼: 플레이 도중에 볼을 분실하는 것, 또는 분실된 공
로컬 룰: 해당 코스에만 적용되는 룰
롱기스트: 드라이버를 가장 멀리 친 사람
리플레이스: 볼을 원래의 장소에 위치시키는 것
백스핀: 볼을 역회전시키는 것
버디: 해당 홀에서 정한 기준 타수보다 1타 덜 치는 것
보기: 해당 홀에서 정한 기준 타수보다 1타 더 치는 것
부비: 경기에서 최하위 또는 그것보다 하나 위인 성적
스루더 그린: 티잉 그라운드에서 홀까지 해저드를 제외한 코스 전체를 총칭하는 말
스윙: 골프채를 휘두르는 것

스트로크: 볼을 때리는 것

슬라이스: 볼이 오른쪽으로 휘는 것

싱글: 핸디 9 이하인 플레이어

알바트로스: 해당 홀에서 정한 기준 타수보다 3타 덜 치는 것

어드레스: 골프채를 공 후방의 지면에 대고 칠 자세를 취하는 것

에이스: 티샷으로 공을 홀에 넣는 것(홀인원)

오너(아너): 티잉 그라운드에서 처음으로 티샷을 하는 사람

이글: 해당 홀에서 정한 기준 타수보다 2타 덜 치는 것

칩: 그린 주변에서 굴려서 하는 어프로치 샷

쿼드러플 보기: 해당 홀에서 정한 기준 타수보다 4타 더 치는 것

트리플 보기: 해당 홀에서 정한 기준 타수보다 3타 더 치는 것

파: 해당 홀에서 정한 기준 타수만큼 치는 것

퍼트: 그린 위에서 퍼터로 치는 것

피치: 그린 주변에서 볼을 높이 띄워서 하는 어프로치 샷

훅: 공이 왼쪽으로 휘는 것

재미있는 골프 룰

그린에 물이 고여 있을 때
(규칙 제25조)

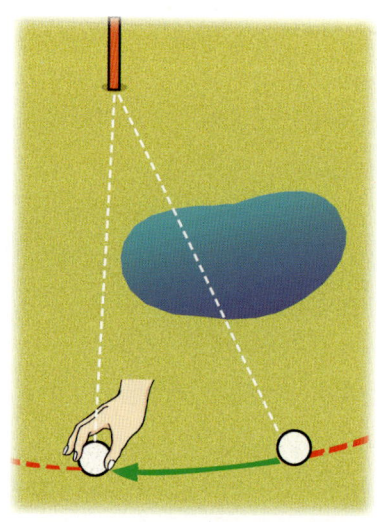

비가 오거나 비가 온 직후에는 그린에 물이 고여 있는 경우가 있다. 이 때는 깃대에 가깝지 않게 공을 옮겨 놓을 수 있다.

재미있는
골프 역사(영국편)

　모든 운동경기가 다 그렇듯이 골프의 기원에 있어서도 여러 가지 설이 있다.

　로마시대에는 깃털을 넣은 가죽 공을 끝이 구부러진 나무 막대기로 쳐서 날려 보내는 '파가니카'라는 게임이 있었다. 로마군의 진주와 함께 이 게임은 유럽 여러 지역으로 전파되었으며, 현지 상황에 따라 조금씩 변모했고, 각기 다른 이름으로 불리게 되었다. 이를테면 영국에서는 칸브카, 프랑스에서는 주드메이유, 네덜란드에서는 콜벤 등으로 불렀다.

　이름은 달랐지만, 이들의 공통점은 모두 벌판을 걸어 다니면서 나무 막대기로 공을 쳐서 보낸다는 것이다. 물론 우리나라에도 자치기라고 불리는 게임이 있다. 자치기는 나무 막대기로 작은 나무토막을 쳐서 날려 보내는 놀이인데, 공을 사용하지 않았기 때문에 골프의 기원이라고 우기기에는 설득력이 좀 떨어진다.

　전해오는 또 하나의 이야기는 스코틀랜드 지방에서 양을 치던 목동이 끝이 구부러진 지팡이로 동글동글한 돌멩이를 때렸는데, 한참을 날아간 후 땅에 떨어져 굴러가던 돌멩이가 토끼 굴로 들어갔다고 한다. 목동은 그것이 무척 재미있었고, 친구들을 불러 모아 돌멩이를 쳐서 토끼 굴에 넣는 게임을 하게 되었는데, 이것이 골프의 기원이라는 것이다. 그런데 이것은 스코틀랜드 사람들이 지어낸 이야기가 아닌가 한다. 왜냐하면 로마 군인들이 야영지에서 하는 놀이를 보고 흉내 낸 것이라고 하면 체면이 서지 않기 때문에 조금 각색을 하여 만들어 낸 것 같기 때문이다.

　한편 네덜란드에서 골프가 시작되었다는 설도 있는데, 네덜란드 아이들이 실내에서 하던 코르프(Kolf)라는 놀이가 스코틀랜드로 건너가서 골프로 발전했다는 것인데, 조금 다른 주장도 있다. 실내에서 하던 코르프가 아니라, 얼음판 위에서 하던 콜벤(Cholben)이라는 경기가 스코틀랜드로 건너가서 골프가 되었다는 것이다. 특히 콜벤 게임에서는 클럽을 '골프', 공을 티업하는 티잉 그라운드를 '토이 티', 홀에 넣는 것을 '프텐'이라고 부르는 등, 현대 골프 용어의 개념과 유사한 것들이 사용되었다고 한다.

　코르프든 콜벤이든 결국 종합해보면, 당시는 양털 교역으로 네덜란드와 스코틀랜드 간에 교류가 매우 활발했기 때문에 양국에서 발달

한 놀이 문화가 서로 보완되어 골프로 발전한 것이 아닌가 한다.

그렇다면 왜 네덜란드보다 스코틀랜드에서 골프가 발달했을까? 그것은 양을 기르기 위한 초지나 광활한 모래언덕, 골프채를 만들기에 좋은 단단한 나무 등이 상대적으로 많았기 때문일 것이다.

기원이야 어찌 되었건 15세기경에 스코틀랜드와 잉글랜드에서 골프가 얼마나 유행했던지 전쟁에 필요한 궁술훈련을 게을리 한다고 국왕 제임스 2세가 1457년에 의회를 통해 골프 금지법령을 만들기도 했다고 한다. 하지만 15세기 말에는 화약이 발명되어 궁술의 중요성이 사라짐에 따라 골프 금지법령도 폐지되었으며, 특히 16세기에는 왕실에서 골프 붐이 더욱 크게 일어 스코틀랜드의 제임스 5세가 잉글랜드 귀족들과 골프시합을 해서 우승을 하기도 했다. 또한 그의 딸인 매리 여왕은 젊은 사관(Cadet)을 시종으로 두어 클럽을 메게 하고, 세인트 앤드루스 코스에서 골프를 쳤다고 한다.

한편 당시의 경기는 지금과 같은 초원이 아니고, 스코틀랜드 동해안의 '링크스'라고 하는 모래땅 코스에서 진행되었다고 한다. 스코틀랜드에서 잉글랜드로 부임한 제임스 7세가 1608년 런던의 블랙 히스 클럽에서 골프회를 조직했다고 하며, 1744년에 스코틀랜드의 동해안에 있는 도시 리스에서 지금의 에든버러 골프협회 전신인 리스 젠틀맨 골프회(The Gentlemen Golfers of Leith)를 조직, 최초로 문서화된 골프 규칙인 골프규칙 13조항을 만들었고, 에든버러 시로부터 실물 골프채

모양을 본 딴 은제 트로피를 기증받아 이듬해부터 실버클럽대회를 개최했다고 한다.

　1754년 5월 14일에는 22명의 사람들이 스코틀랜드의 세인트앤드루스에서 클럽을 결성했고, 1834년에는 국왕 윌리엄 4세가 이 클럽에 로열 앤션트 클럽(Royal and Ancient Golf Club; R&A)이라는 명칭을 주고 규칙을 제정케 했으며, 선수권 대회 개최와 운영 등을 주최하도록 했는데, 이것이 영국 전체의 골프계를 일원화하는 계기가 되었다.

　골프가 활발해지자, 클럽이나 공을 전문적으로 만드는 사람들이 나타났으며, 이들은 골프 기술에도 능해 실기 교습에 종사하면서 프로페셔널로 인정받았다.

　1860년에는 스코틀랜드의 프레스트윅 코스에서 제1회 영국 골프선수권대회가 열렸다. 모두 8명의 프로 선수가 출전했으며, 윌리 파크 선수가 36홀 174타의 스코어로 5파운드의 상금과 함께 은제 참피온 벨트를 차지했다.

　1861년부터는 참가 자격을 전 세계로 확대한 오픈대회가 열렸으며, 영국 아마추어선수권대회는 1885년에 시작되었고, 1919년부터는 R&A가 영국 오픈 골프대회, 영국 아마추어 골프 선수권대회 등을 주최하고 있다. 한편 여자 클럽은 1872년에 세인트앤드루스에서 처음으로 조직되었다.

아부하는 법

- 일파만파: 상사가 파를 못했어도 동반자 중의 한 명이 파를 했으면 파로 기록해준다
- 무파만파: 아무도 파를 못했지만 파를 한 것으로 기록해준다
- 제 멀리건 쓰십시오: 상사가 이미 멀리건을 썼는데도 또 다시 오비를 냈을 때
- 삼세번입니다: 상사가 친 멀리건이 또다시 오비가 되었을 때
- 초식불길입니다, 첫 끗발이 개 끗발입니다: 스킨스 게임에서 자기가 첫 홀을 먹었을 때
- 처음이 좋아야 끝이 좋습니다, 초지일관입니다: 스킨스 게임에서 상사가 첫홀을 먹었을 때

재미있는 골프룰

공이 국외자에 의해 움직였을 때
(규칙 제18조)

만약에 공이 다른 사람이나 동물, 혹은 다른 사람이 친 공과 충돌해서 움직였다면 벌타 없이 원래의 위치로 옮겨놓고 플레이를 계속하면 된다.

재미있는
골프 역사(미국편)

　영국과 달리 미국에서는 1657년 포트오렌지(지금의 뉴욕 주 올버니)재판소의 의사록에 '빙상에서 헤트콜벤을 한 세 사람에 대한 고발'이라는 기록이 있으며, 1659년에는 노상에서 이 게임을 하는 것을 금지하는 내용의 포고문이 고시되었다고 한다. 이를 볼 때 미국도 처음에는 골프에 그다지 호의적이지 않았던 것 같다.
　1873년에 미국보다 먼저 캐나다에서 로열 몬트리올골프클럽이 창설되었는데, 이것이 아메리카 대륙 최초의 골프클럽이다. 미국에서는 1887년에야 폭스버그골프클럽이 발족되었다. 곧이어 1888년 11월 뉴욕 주의 용커스에서 스코틀랜드의 유명 골프 클럽의 이름을 본 딴 세인트앤드루스 골프클럽이 창설되었다. 물론 골프 도구와 규칙은 모두 스코틀랜드에서 직수입되었다.
　비록 늦게 시작되었지만 미국의 골프 수준은 곧바로 영국을 따라

잡을 정도로 성장했으며, 1894년 9월에는 로드아일랜드 주의 뉴포트 골프클럽에서 실버컵 선수권대회를 개최했고, 같은 해 10월에는 전미 아마추어 골프선수권대회가 용커스에서 다이아몬드·금·은·동 메달을 걸고 개최되었다. 그리고 11월에는 미국 아마추어 골프협회(USGA의 전신)가 창설되었는데, 현재 미국에 있는 3,400개 이상의 골프클럽이 여기에 가입되어 있으며, 9개의 국내 선수권대회와 6개의 국제 아마추어선수권대회를 주관하고 있다. 1899년에 설립된 웨스턴 골프협회는 주로 캐디의 교육과 복지에 힘쓰고 있으며, 프로 골프인협회(PGA)는 1916년 R. 워너메이커의 제창으로 창설되었다.

현재 골프는 세계 50 여개 이상의 나라에서 성행하고 있으며, 1958년에는 USGA와 R&A가 중심이 되어 세계 아마추어 골프연맹을 조직했고, 아이젠하워 트로피를 놓고 최초의 토너먼트가 세인트앤드루스에서 열리기도 했다.

19세기 이후의 유명한 골프선수로는 남자의 경우 영국의 존 볼, H.H. 힐턴, H. 바던, J.H. 테일러, C. 트레이, 아일랜드의 J. 카가 있고, 여자 선수로는 마가렛 스콧, 존 V. 버드 여사, 파멜라 바턴, G. 발렌타인 등이 있다.

미국에서는 제1차 세계대전 이후 스코틀랜드에서 이민 온 사람들 중에서 월터 헤이건, 보비 존스 등 뛰어난 선수들이 나왔으며, 그밖에 틱 에번스, 벤 호건, 샘 스니드, 아놀드 파머, 잭 니클라우스, 게리 프레이어(남아프리카공화국), 톰 왓슨, 세베 발레스테로스(스페인), 톰 카이트, 닉 팔도, 타이거 우즈 등이 유명하다. 여자 선수로는 패티 버그, 샌드라 헤이니, 조앤 커너, 벳시 킹, 낸시 로페스, 아니카 소렌스탐, 줄리 잉스터, 캐리 웹, 박세리(한국) 등의 활약을 빼 놓을 수 없다.

골프와 술의 공통점

- 새벽달을 자주 본다.
- 멤버가 좋아야 맛이 난다.
- 회사마다 전담 상무가 있다.
- 성격 나오게 만든다.
- 자주 빠지면 왕따 당한다.
- 샷을 자주 외쳐댄다.(원샷, 굿샷)
- 도수에 민감하다.(알콜, 클럽 로프트)
- 기간을 중시한다.(숙성, 구력)
- 조절하기 어렵다.(주량, 핸디)

재미있는 골프 룰

해저드 내에서 친 공이 다시 물에 빠졌을 때
(규칙 제26조)

해저드 내라고 하더라도 공을 칠 수만 있으면 그대로 칠 수 있다.

워터 해저드 말뚝 안쪽이지만, 물이 없는 부분(예를 들어 해저드 둑)에 공이 있을 경우에는 그대로 공을 칠 수 있다. 물론 이때 클럽을 바닥에 대고 어드레스를 해서는 안 된다.(2벌타)

그런데 해저드 내에서 친 공이 다시 같은 해저드 안의 물에 빠지게 되는 경우가 종종 발생하는데, 이 경우에는 친 타수(1타)가 추가된다. 따라서 밖에서 새 공을 드롭하게 되면 총 2타가 추가되어 네 번째 샷(티샷+물에 빠진 샷+벌타 포함)이 된다.

한국의 골프사 1

앞서 영국과 미국의 골프 역사를 알아보았는데, 그렇다면 한국에는 언제쯤 골프가 들어왔을까?

기록에 의하면 영국인들에 의해 최초로 들어왔다고 한다.

1880년 원산항이 개항되자, 청국인들이 세관업무를 보게 되었는데, 이때 영국인들이 청국인들의 세관업무를 지원하게 되었고, 이들에 의해 1880년부터 1905년 사이에 원산에 한국 최초의 골프코스가 만들어졌다고 한다.

'조선골프소사'는 "구한국 정부시대에 외국인들이 개항도시인 원산의 세관 구내에 6홀짜리 골프코스를 건설했었다."고 전하고 있다. 이것은 이곳 세관특구 주변에 거주하고 있던 마을 노인들로부터 구전된 것을 기록한 것으로, 원산 근교의 외인촌과 황해도 구미포에도 이와 비슷한 골프 코스가 존재했다고 한다.

그 후 원산에서 주택을 철거하던 중에 영국인이 살던 집 다락에서

낡은 골프채가 발견되어 구전이 사실임을 증명해 주었다.

1897년 세관 구내 해변가에 조성된 골프 코스는 일본보다 6년이나 앞섰던 것으로 나타났다. 일제 강점 하인 1917년에 조선철도국이 만주철도주식회사로 이관되었다. 이때 조선철도국의 안도고지로(安藤又三郞) 이사는 대련 만철본사에 출장 중에 성포 골프코스의 광대하고 쾌적한 모습을 보고 경성에도 골프코스를 건설해야겠다고 생각하게 되었다. 여러 가지로 연구하고 검토한 결과 철도국에서 직영하던 조선호텔의 숙박객에 대한 서비스 및 내방객 유인책의 일환으로 호텔 부속 골프코스를 건설하는 것이 좋겠다고 결정하고 현재의 효창공원 자리에 골프코스를 건설했다.

1922년 정무총감 고기치츄히토(有吉忠一)가 부임했는데, 그는 골프를 좋아했기 때문에 관민을 통해 골프 붐을 조성했다. 그 후 효창원 골프코스가 공원부지로 편입됨에 따라 골프코스를 청량리로 옮기게 되었는데, 이때는 철도국이나 조선호텔로부터 관리나 자금 면에서 완전히 독립되었다. 마침내 1924년 4월 20일, 한국 최초의 정규 코스인 파 70짜리 18홀 골프장 '육림'이 개장되고, 사단법인 경성골프구락부가 설립되었다.

이즈음 대구(1923), 평양(1928), 경기도 군자리(현재 광진구 군자동) (1929), 원산(1929), 부산(1932) 등에 골프코스가 차례로 개장되었다.

1924년 개장된 청량리 골프코스는 1929년 폐장될 때까지 활발하게 운영되었는데, 이 골프장은 일반인에게도 개방되어 골프 인구를 확산시키는데 크게 기여했고, 1929년에는 제1회 조선골프선수권대회를 개최해서 한국 골프사의 첫 장을 장식하기도 했다.

본격적으로 한국 골프가 궤도에 들어선 것은 1929년 군자리(오늘날의 어린이 대공원 자리)골프장이 개장되면서부터로, 군자리 골프장은 원래 왕실의 능자리였으나 영친왕인 이은 공이 장소를 무상으로 임대해주고 골프장 건설비로 거액을 하사하면서 만들어질 수 있었다.

1937년 9월 23일, 경성골프구락부에서 조선골프연맹이 창립되었고, 최초의 한국인 골퍼는 1924년 청량리 골프코스에서 등장했으며, 1929년에 개장한 군자리 골프코스에서 본격적으로 우리나라 골퍼들이 경기를 개최하고 참가하게 되었다. 또한 군자리 골프코스에서 최초로 캐디도 등장했다고 한다. 하지만 제2차 세계대전으로 골프코스는 농경지로 바뀌게 되었으며, 광복 후 4년 만에야 비로소 골프코스를 복구하게 되었다.

1949년 이승만 대통령의 지시에 의해 군자리 골프코스를 복구하기 시작했지만 농경지를 경작하던 소작농들의 잦은 시위로 코스 복구 작업은 지지부진했다. 결국 소작농들의 요구를 일부 수용하여 경제적인 보상을 하기로 하고, 1949년 5월에야 복구공사를 마무리할 수 있었다.

복구 1년만인 1950년 6월 25일 북한의 남침으로 군자리 코스는 또 다시 황폐화되었다가 휴전 후인 1953년 11월 11일 사단법인 서울 컨트리구락부가 발족되어 군자리 코스를 재복구하기 시작했다. 마침내 1954년 7월에 전장 6,750야드, 파 72짜리 국제규격으로 재 복구되었고, 개장기념으로 대통령배 한국아마추어골프선수권대회를 개최했다. 이어서 1955년에 부산 컨트리구락부가 발족되었다. 그리고 1958년 6월 12일 군자리 골프코스에서 제1회 한국프로골프선수권대회가 개최되었다. 이후 서울 컨트리클럽 군자리 코스는 한국 골프의 총 본산 역할을 했다.

골프와 운전의 공통점

- 와이프에게 가르쳐 주려다 금 간 사람 많다.
- 주말에 나가면 항상 밀려서 기다리거나 천천히 갈 수밖에 없다.
- 중간에 휴대전화 받다가 망가진 사람 많다.
- 해가 지면 라이트를 켜거나 그만 끝내는 것이 좋다.

고사성어

- 개인지도: 개가 사람을 가르친다
- 고진감래: 고생을 진탕하고 나면 감기몸살이 온다(벙커나 숲속을 헤맨 사람에게)
- 남녀평등: 남자나 여자나 가슴은 다르지만 등은 평평하다
- 만수무강: 만수네 집에는 요강이 없다
- 박학다식: 박사나 학사는 밥을 많이 먹는다
- 발본색원: 발기가 본래 색의 근원이다
- 주경야독: 낮에는 약하게 밤에는 독하게(폭탄주)
- 부전자전: 아버지가 전 씨면 아들도 전 씨다
- 오리지날: 오리도 지랄하면 날 수 있다
- 요조숙녀: 요강에 조용히 앉아 숙면을 취하는 여자
- 절세미인: 절간에 세 들어 사는 미친 인간(여자)
- 침소봉대: 잠자리에서는 봉이 커야 대접 받는다
- 현모양처: 현저하게 히프 모양이 양쪽으로 처진 여자

재미있는 골프 룰

워터해저드 내에서 친 공이 오비가 되었을 때
(규칙 제26조)

　워터해저드 내에서 천신만고 끝에 친 공이 허망하게도 오비지역으로 날아가는 경우가 종종 발생하는데, 이 경우에는 1벌타를 받고 그대로 워터해저드 내에서 드롭을 하면 된다.
　결과적으로 워터해저드 내에서 드롭하고 두 번째로 치는 샷은 네 번째 샷(티샷+오비샷+벌타 포함)이 된다.

한국의 골프사 2

    서울 컨트리구락부에 의해 운영되던 골프계는 제4회 월드컵 골프 대회 참가를 계기로, 한국에도 골프 대표기관을 설립해야 한다는 여론이 일기 시작하면서 1959년에 마침내 한국골프협회가 발족되었다. 하지만, 우여곡절 끝에 어렵게 발족된 한국골프협회는 재정, 운영 등 여러 가지로 어려움을 겪다가 1960년 4.19 의거를 계기로 해산되었다.

    4.19 의거, 5.16 군사 쿠데타 등으로 한동안 소강상태였던 골프계는 새로운 전환점을 만들기 위한 노력을 계속했는데, 1964년 9월 14일에 한국골프협회 재 창립을 조속히 추진하고자 골프동호인들이 모여 협회 창립 소위원회를 구성하고, 본격적으로 창립 준비활동을 펼쳐 마침내 1965년 9월 23일에 한국골프협회가 출범하게 되었다.

    이런 어려움 끝에 출범한 한국골프협회는 한국 골프의 미미한 수준을 세계 수준으로 끌어올리기 위해 모든 노력을 경주했다. 특히 1965년 12월 17일 국제골프연맹과 아시아골프연맹에 가입해서 한국 골프의 위상을 한 단계 업그레이드 시킬 수 있었다.

이즈음 국내 골프 전망을 밝게 본 기업들이 골프장을 활발하게 건설하게 되었는데, 1964년에 한양 컨트리클럽, 1966년에 태릉 컨트리클럽, 1968년에 안양 컨트리클럽(현 안양 베네스트 골프클럽), 1970년에 용인 컨트리클럽(현 양지 컨트리클럽), 1975년에 수원 컨트리클럽 등 20여 개의 골프장이 속속 건설되었다.

또한 1968년 5월 22일에 한국프로골프협회가 정식으로 출범하게 되었으며, 아울러 명문 골프장의 합리적인 운영과 골프장을 통한 관광사업의 발전에 기여한다는 것을 목적으로, 전국 골프장의 이사장들이 발기인이 되어 한국 골프장사업협회가 1974년 1월 1일 출범하게 되었다.

이런 가운데, 우리나라 골프사에 있어서 많은 기념비적인 역할을 해왔던 군자리 코스는 1970년 12월 4일 정부방침에 따라 어린이대공원으로 개조하라는 지시를 받게 되며, 마침내 1972년 10월 31일, 40여 년간 우여곡절을 겪으며 황폐화와 복구를 반복하다가 역사의 뒤안길로 사라지게 되었다.

한편 이 시기에 한국 시니어골프선수권대회 등 각종 국내골프경기가 시작되었으며, 1970년대에 이어 1980년대에 들어서면서부터는 더 많은 골프 코스 건설이 추진되었다. 1979년에 제주도 오라골프장이 개장되었으며, 경주에서는 조선컨트리클럽 건설이 추진되었다. 1980년에는 경기도 정아 골프장, 1982년에 창원 골프장, 1983년에 광주 골프장 등이 연이어 건설되어 전국적으로 골프 붐을 확산시키는 계기가 되었다.

이처럼 골프인구와 골프장이 늘어나게 되자, 각종 경기도 다양해 졌는데, 오란씨 오픈선수권대회, 연합 오픈골프선수권대회, 부산, 삼양, 수원, 동해 오픈 골프선수권대회 등 한국 골프는 이 때 대 성장기를 이루었다. 특히 매일경제신문사가 우리나라 골프를 건전한 국민스포츠로 육성하기 위해 1982년에 매경 오픈 선수권대회를 창설했는데, 이 대회는 현재까지도 선수 발굴 및 육성에 크게 기여하고 있다.

그리고 1982년에 멕시코에서 개최되었던 제29회 월드컵 국제골프선수권대회에서 최상호 선수가 5위에 입상함으로써 한국 골프를 세계에 알리는 계기가 되었다.

또한 여성 골퍼들의 증가로 한국 아마추어 부녀골프선수권대회가 1976년에 최초로 개최되었고, 1980년대 들어 여자 선수들의 국제대회 참가로 한국 골프가 한 단계 더 도약할 수 있는 계기가 만들어졌으며, 1984년에 골프장 28개, 연간 내방객수 130여 만 명이었던 것이 2010년에는 223개소, 1800만 명으로 증가했다.

1980년대부터 현재까지 프로 골프 분야에서는 박남신, 이강선, 김종덕, 구옥희, 최경주, 양용은, 박세리, 신지애, 최나연, 유소연 등 우수한 선수들이 국내외에서 활동하고 있다. 특히 박세리 선수는 한국선수들의 미 LPGA 진출 계기를 만들었으며, 23번째로 미 LPGA 명예의 전당에 헌액되었는데, 헌액 당시 최연소라는 영광까지 함께 누렸다.

골프와 정치의 공통점

- 좌파와 우파가 있지만 중도가 환영받는다.
- 늘 가방 들어주는 사람과 같이 다닌다.
- 꼭 패거리로 몰려다닌다.
- 남의 돈으로 즐기는 사람도 많다.
- 일이 잘되면 자기 이름 박힌 물건을 만들기도 한다.
- 양심을 외치지만 너무 자주 비양심적인 면을 보인다.
- 쓸데없이 돈이 오고가는 경우가 많다.
- 어깨에 힘들어 가면 끝장이다.
- 수없이 이번이 마지막이라고 말한다.
- 직접 해보기 전에는 그 맛을 모른다.

재미있는 골프룰

그린 시험 금지
(규칙 제16조)

그린 위에서 공을 굴려 그린의 속도를 시험해서는 안 된다.(2벌타)

내게 맞는 골프공은 어떤 것일까?

미국은 물자가 풍부한 나라라서 그런지는 모르겠지만 공이 러프에 빠지면 찾으려 하지 않고 그대로 가는 사람들이 많다. 그래서 그런지 러프에 들어가면 버려진 공들이 지천이다.

그런데 대부분의 공들이 새것인 경우가 많아 잘 닦아서 사용하면 별 문제없이 사용할 수 있다. 미국에 있는 동안 시합에 나가는 경우를 제외하고는 돈을 주고 산 공을 사용한 적이 거의 없을 정도이고, 친구 집을 방문할 때마다 주운 공을 1리터짜리 비닐 팩에 넣어 한 두 팩씩 갖다 주고는 했다.

그런데 주운 공들을 보면 천차만별인데, 2피스짜리부터 최신 5피스짜리까지 아주 다양하다.

골프공은 처음에 1피스로 만들기 시작했으며, 지금도 연습장에서 사용하는 공은 대부분 1피스 공이다. 피스란 공의 구성 층을 의미하는데, 1피스란 겉이나 속을 한 가지 재질로 만들었다는 뜻이다. 이러한 1피스 공은 비거리나 회전력이 떨어지고 무게가 무겁기 때문에 주로 연습장에서 사용하는데, 표면에 PRACTICE라고 쓰여 있다.

2피스는 공의 속 부분(코어)과 겉 부분(커버)의 재질을 달리한 것이다. 즉 탄성이 좋고 경도가 높은 물질로 겉을 싸주었기 때문에 비거리가 좋고 공의 내구성도 강하다.

나이키 뉴 파워 디스턴스 슈퍼시리즈, 던롭 DDH, 빅야드 Ds/PD, 테일러메이드 버너, 팬텀 디스턴스 매직, 캘러웨이 빅버사 시리즈 등이 2피스 공이다. 캘러웨이는 BIG BERTHA를 그밖의 공은 표면에 거리를 의미하는 D 또는 DS, DT, DISTANCE, LONG, HI-LAUNCH, VELOCITY 등을 인쇄해 놓았다.

이들 2피스 공은 1피스 공보다는 비싸지만, 3피스나 4피스 공보다는 값이 싸다. 그런데 왜 비싼 3피스나 4피스 공을 사용할까? 그것은 2피스 공이 회전력이 떨어지기 때문이다. PGA나 LPGA 중계방송을 보면 그린에서 백스핀이 걸려 공이 뒤로 구르는 경우를 자주 볼 수 있는데, 그것은 회전력이 뛰어난 공을 사용하기 때문에 일어나는 현상이다.

그런데 왜 초보자는 백스핀이 잘 안 걸릴까?

답은 간단하다. 우선 공이 2피스이고, 공을 때리는 파워가 약하기 때문이다. 그런데 사실은 백스핀이 안 걸리는 공이 초보자에게는 더 유리한 경우가 많다. 왜냐하면 초보자는 자신의 비거리를 실제보다 길게 기억하는 버릇이 있어서(잘 맞은 최대 비거리만 기억하기 때문에) 세컨드나 써드 샷으로 그린을 공략할 때 생각보다 짧은 경우가 대부분이다.

이런 경우 공이 앞으로 굴러가지 않고 백스핀이 걸려서 뒤로 구르게 된다면 설상가상이 된다. 따라서 초보자가 무조건 비싼 공이 좋은 것인 줄 알고, 없는 돈에 비싼 공을 사는 것은 현명하지 못한 일이다.

3피스 공은 2피스 내부에 재질을 달리하는 층을 하나 더 두어서 회전력을 향상시킨 공이다. 그래서 골프에 대해 좀 안다는 사람들은 2피스는 비거리용이고, 3피스는 방향성용이라는 말을 한다. 물론 3피스 공은 2피스 공보다 당연히 값이 비싸다.

그런데 의외로 오비지역이나 해저드지역에서 공을 줍다보면 3피스 공이 많다. 아니 대부분이 3피스 공으로, 미국 사람들도 한국 사람들 못지않게 일단 비싼 게 좋은 것이라는 편견을 가지고 있는 듯하다.

나이키 원 블랙, 볼빅 프로 비스무스, 투어 스테이지 X시리즈, 테일러메이드 TP 블랙, 팬텀 디스턴스 프로, 캘러웨이 HX시리즈 등이 3피스 공으로, 이들 3피스 공은 표면에 PRO 또는 TOUR나 SPIN, HX(캘러웨이), Pro V1(타이틀리스트) 등의 문자를 인쇄해 놓았다.

4피스는 2피스의 비거리와 3피스의 방향성을 모두 구현하기 위해 개발된 공으로, 가격도 비싸지만 치는 사람이 상당한 실력을 갖춰야만 제 기능을 발휘할 수 있는 공이다. 설명에 의하면 2중 표피로 구성되어 있어서 밀어치는 드라이버 샷은 스핀 양을 줄여 비거리를 증대시키고,

깎아 치는 숏 아이언이나 웨지 샷은 스핀 양을 높여 컨트롤을 좋게 한다고 한다.

나이키 원 플래티늄, 볼빅 포피스 메탈, 테일러메이드 TP레드 등이 4피스 공이며, 고급을 뜻하는 PLATINUM 혹은 거리와 방향성을 강조한 DISTANCE+SPIN 아니면 아예 4PC 등을 표면에 인쇄해 놓았다. 물론 타이틀리스트 Pro V1x처럼 Pro V1x라고 상품명만 인쇄해 놓은 것도 있다.

헤드 스피드나 임팩트 파워가 떨어지는 아마추어와 LPGA 선수들이 주로 3피스 공을 사용했는데, 최근에는 LPGA 선수들도 4피스 공을 많이 사용하는 추세라고 한다. 하기야 미셸 위나 수잔 페테르센 같은 선수는 여성이지만 웬만한 남자 선수들보다 비거리가 길기 때문에 충분히 4피스 공을 사용할 수 있는 역량이 되고도 남는다.

그렇다면 5피스 공은 없을까?

2010년 테일러메이드에서 '펜타TP'라는 브랜드로 처음 생산하였으며, 2012년에는 캘러웨이도 5피스 공을 생산하기 시작했다. 양사 제

품 모두 코어와 커버 사이에 3개의 맨틀 층을 두었다고 한다. 설명에 의하면 4피스 공의 경우에 드라이버는 비거리를, 웨지는 회전력을 강화시켜준다고 했는데, 5피스 공은 어떠한 골퍼가 어떠한 클럽을 사용하더라도 최상의 비거리와 회전력을 제공해준다고 한다. 플레이어의 수준과 사용하는 클럽의 특성에 맞게 적합한 맨틀 층을 활성화시켜 다른 공보다 더 긴 비거리, 더 큰 스핀을 구사할 수 있도록 한다고 하니 마법의 공이라고나 할까? 5피스임을 강조하기 위해 테일러메이드는 PENTA TP, 캘러웨이는 HEX BLACK이라는 문자를 인쇄하고 있다.

세상에서 제일 마음대로 안 되는 것

마누라와 내리막 옆 라인

골프와 거시기

不起不立 不立不入(세우지 않으면 서지 않고, 서지 않으면 들어가지 않는다)

재미있는 골프룰

공이 서로 근접해 있을 때
(규칙 제22조)

만약 두 개의 공이 아주 근접해 있어서 상호간에 장애물이 된다면 뒤에 쳐야 할 공을 집어 올리고 티 등으로 마크할 수 있다.

골프공은 어떤 색을 쓰는 것이 좋을까?

골프공은 피스로만 구분되는 것일까?

그렇지 않다. 골프공은 딱딱한 정도에 따라 그 특성이 또 다르다. 일반적으로 딱딱한 정도를 60~100 정도의 숫자로 나타내는데, 숫자가 클수록 딱딱한 정도가 높기 때문에 비거리가 길어진다.

그렇다면 누구나 딱딱한 공을 선택할까? 그렇지 않다. 딱딱한 공일수록 공과 헤드의 접촉시간이 짧기 때문에 클럽이 공을 밀어주는 시간이 짧을 수밖에 없으며, 컨트롤과 방향성이 떨어지는 단점을 내포하게 된다.

물론 당신의 헤드 스피드가 다른 사람보다 빠르다면 그만큼 공과 헤드의 접촉 시간을 길게 가질 수 있기 때문에 컨트롤과 방향성을 보완할 수 있다. 따라서 일반적으로 아마추어나 여성들의 경우에는 부드러운 공을 사용하는 것이 동서남북으로 공이 가는 것을 방지할 수 있고, 헤드스피드가 빠른 선수들은 딱딱한 공을 사용하면 비거리를 늘리는 효과를 볼 수 있다.

뭐, 어떤 사람은 기온이나 습도가 높은 여름에는 딱딱한 공을 쓰고, 겨울에는 보다 소프트한 공을 사용한다고 하는데, 글쎄 그렇게 해서 얼마나 스코어가 좋아질지는 의문이다. 실제로 같은 공이라 하더라도 기온에 따라 딱딱한 정도는 조금씩 차이가 난다. 타이틀리스트 Pro V1x(4피스)는 기온에 따라 95~105 정도가 되고, Pro V1(3피스)은 84~96 정도가 된다고 하는데, 일반적으로 공의 딱딱한 정도는 공에 인쇄되어 있는 문자의 색깔로 표시된다.

대부분의 공은 검정색으로 인쇄되어 있는데 이것은 100 정도 된다. 그런데 이 정도는 프로 골퍼나 스윙 속도가 빠른 남성들을 위한 것이기 때문에 일반적인 아마추어들에게는 버거울 수 있다. 따라서 아마추어들은 90 정도 되는 빨강색을 사용하는 것이 좋다.

파란색은 80 정도 되는 것으로, 스윙 스피드가 느린 남성 또는 여성 장타자들이 사용하면 좋고, 초록색은 70 정도인데 일반적인 여성용이다.

또 색깔 이외에 딱딱한 정도에 따라 SOFT 혹은 LONG+SOFT, SUPER SOFT라고 쓰여 있는 공도 있다.

비거리가 짧은 여성들이 거리 욕심 때문에 남성용 드라이버와 검은 색 문자의 공을 쓰는 경우도 종종 눈에 띄는데, 사실 역효과만 날뿐이다. 자신에게 맞는 드라이버와 공을 선택하는 것이 비거리 면에서 훨씬 유리하다.

그렇다면 나에게 맞는 공은 어떤 것일까?

당신이 초보자라면 값이 싸고 비거리가 좋은 2피스 공을 인쇄 문자의 색깔을 고려해서 선택하라고 권하고 싶다. 그리고 보기를 자주 기록하는 정도의 실력이라면 3피스 공을 색깔별로 골라서 사용해도 좋을 것이다. 싱글이라면 나의 권고를 듣지 않을 테니 조언을 사양하겠다.

공의 종류

나이키볼: 똑바로 가다가 왼쪽이나 오른쪽으로 휘는 공
손오공: 손님께서 오늘 가장 잘 치신 공
오잘공: 오늘 가장 잘 맞은 공

'붕어빵이 탔다', '처녀가 임신을 했다', '총잡이가 죽었다'의 공통점은?

늦게 뺐다

재미있는 골프룰

오구 플레이
(규칙 제15조)

라운딩을 하다 보면 자기도 모르게 다른 공을 치는 수가 있다. 공을 잘못 친 경우에는 그 사실을 알게 된 즉시 공을 원위치시키고, 자신의 공을 찾아서 다시 플레이를 해야 한다. 이때 다른 공을 친 타수는 계산하지 않고 벌타만 2타 추가한다.

만약에 자신이 친 공을 끝까지 찾지 못했다면 원래의 공을 쳤던 지점으로 되돌아가 새로운 공을 드롭하고 쳐야 한다. 이 경우 1벌타가 추가로 가산된다.(총 3벌타)

만약 홀 아웃을 하고 난 뒤에야 다른 공으로 플레이 한 것을 알게 되었다면 어떻게 될까? 다른 공으로 친 것을 무효로 하고 되돌아가서 칠 수 없다면 실격 처리된다.

골프 경기에서
처음부터 고무공을 썼을까?

골프를 즐긴 인류는 처음부터 고무공을 썼을까? 그렇지 않다. 골프 공은 페더 볼(Feather Ball)과 거터퍼처 볼(Guttapercha Ball)을 거쳐 현재의 러버 볼(Rubber Ball)로 발전되어왔다.

페더 볼 시대

골프라는 스포츠가 처음 생겼을 때는 로마시대의 파가니카처럼 가죽 주머니에 새의 깃털을 꽉 채운 공으로 경기를 했다고 한다.

깃털과 가죽으로 만든 페더 볼은 1848년경까지 사용되었는데, 하나하나 손으로 만들어 대량생산이 불가능했기 때문에 가격이 매우 비쌌다고 한다. 게다가 2라운드만 쓰면 망가져서 더 이상 사용할 수가 없었고, 물에 젖으면 변형되어 아깝지만 버리는 수밖에 없었다.

페더 볼을 치던 당시의 클럽은 길고 멋들어지게 만들어졌으며, 용도에 따라 19세기 초까지 드라이버, 스푼, 아이언, 퍼터 등의 4가지 종류가 고안되었다. 이 시대에는 선수권대회가 열리지는 않았지만, 세인트앤드루스 코스(9홀)에서 최고로 우수한 선수들의 아웃 인(Out In) 왕복스코어가(당시에는 9홀을 치고 나갔다가 다시 반대로 치면서 들어왔다) 92~93점 수준인 것을 보면 공이나 클럽의 성능이 현재보다 많이 떨어졌음을 알 수 있다.

거터퍼처 볼 시대

말레이지방에서 나는 파라키업거터 나무의 우유 빛깔 수액(乳狀樹液)을 건조시킨 천연고무 물질로 만든 공을 구타페르카 볼(거터퍼처 볼)이라고 불렀다.

이 볼은 1845년 로버트 퍼트슨 신부가 인도에서 보내온 비슈누(인도 삼신의 하나)의 신상 주위에 채워 넣은 구타페르카를 보고 고안했다고 한다.

제조 방법은 갈색을 띤 이 물질을 평평한 판자 위에서 경단을 만들 듯이 손바닥으로 굴려서 만들었다. 페더 볼에 비해 제조방법이 간단하고 가격도 쌌으며, 수명이 길고 비거리가 길어 금방 페더 볼의 자리를 차지했다고 한다. 뿐만 아니라, 그린 위에서 똑바로 굴러가는 특징을 가지고 있어 기술면에서 골프의 눈부신 발전을 가져왔다.

거터퍼처 볼을 사용하기 전에는 골퍼들이 나인 홀의 코스를 왕복

했지만, 이 볼의 사용과 함께 골프 인구가 급격히 증가하게 되어 9홀을 18홀로 확장할 수밖에 없었다. 거터퍼처 볼의 사용으로 스코어도 좋아져서 같은 세인트앤드루스 코스에서 79타(1858), 77타(1869)까지 기록하는 등 골프 스포츠가 비약적으로 발전하게 되었다.

클럽도 딱딱한 공을 칠 수 있도록 개량되었고, 물푸레나무로 만들었던 샤프트는 점차 보다 강한 히코리 나무로 바뀌게 되었다. 당시 7개의 우드와 6개의 아이언이 개발되어 일반 골퍼들은 이 중에서 자신에게 맞는 8개를 골라 경기를 했다고 한다.

또한 이때부터 돛을 만들던 천을 잘라서 만든 백 속에 클럽을 넣어 가지고 다니게 되었다고 한다.

러버 볼 시대

1898년, 미국 오하이오주 클리블랜드의 코번 하스켈이 가느다란 고무 실을 고무심에 감아서 만든 골프공을 개발했다. 이 공은 기존의 거터퍼처 볼보다 평균 23미터나 더 멀리 날아가 비거리에 목말라하던 골퍼들을 열광케 했다. 그리고 이 공이 개발됨으로써 골프의 기술, 코스, 규칙 등 모든 면에서 골프계에 커다란 발전을 가져왔다. 미국의 여러 운동기구 회사에서 공을 대량 생산하게 되었으며, 많은 연구를 통해 여러 가지 공을 만들게 되었다. 그 결과 공의 규격을 통일해야겠다는 의견이 있어 1920년에 R&A(영국왕립골프협회)와 USGA(미국골프협회)가 개최한 선수권대회부터 지름 약 4.1cm, 무게 약 45.9g의 공만을 공식 골프공으로 인정하게 되었다.

또한 1942년에 USGA에서는 볼의 속도를 초속 76.2m 이하로 규정했다. 이때부터 클럽도 재래의 수공업 생산에서 기계에 의한 대량생산을 하게 되었다. 특히 우드 클럽의 헤드에는 감나무나 합성재를 사용했으며, 히코리재 대신 이음매가 없는 스틸 샤프트를 썼고, 그립에는 가죽이나 합성재료를 감기 시작했다.

당시 여러 가지 클럽이 속속 개발되었는데, 1938년부터 USGA에서 클럽의 수를 14개 이하로 제한하기 시작했다.

현재 골프경기에서는 클럽 헤드가 목재인 것은 우드(이것도 현재는 금속으로 바뀌었다), 금속성인 것은 아이언, 그린 위에서 사용하는 것은 퍼터라고 부르고 있다. 각 클럽에는 번호와 이름이 함께 붙어 있으며, 우드의 경우에는 1번 드라이버, 2번 브러시, 3번 스푼, 4번 배피, 5번 크리크를 비롯해 9번까지 있다.

한편 티타늄 등 신소재의 개발과 선수들의 기량 향상으로 비거리가 늘어나게 되자, 골프장들은 코스의 길이를 늘리는데 한계를 느끼게 되었고, 결국 1983년에 USGA가 드라이버의 반발계수를 0.830 이하로 규제하는 규칙을 제정했다.

이와 관련, 세계에서 가장 완벽한 폼을 지닌 골퍼로, 선망의 대상이 되었던 어니 엘스가 장인이 만든 히코리재 드라이버와 최신의 티타늄 드라이버를 가지고 비거리 실험을 했다. 동일한 공을 가지고 20회씩 실시한 결과, 그 차이가 불과 10야드 밖에 되지 않아 골프클럽 제조회사 관계자들을 망연자실케 한 일도 있다.

그것은 결국 장비의 문제가 아니라, 사람의 실력이 문제라는 사실을 다시 한 번 확인시켜 주었는데, 지금 이 순간에도 많은 골퍼들이 '비거리 20야드 증가'라는 광고 문구에 현혹되어 계속해서 새로운 모델을 구입하고 있으며, 나 자신도 광고를 볼 때마다 사고 싶은 마음이 드는 것을 억제하지 못하고 있다.

아이언 클럽은 1번부터 9번까지 있으며, 처음에는 각각의 이름이 있었지만, 1920년경부터는 대부분 번호로 부르고 있는데, 1~3번이 롱 아이언, 4~6번이 미디엄(미들) 아이언, 7~9번이 숏 아이언이다. 우드나 아이언 모두 번호가 커짐에 따라 헤드의 각도인 로프트가 커지고, 샤프트는 짧게 만들기 때문에 비거리가 짧아지게 된다.

또한 다이너마이터라고 하는 벙커 전용의 샌드 웨지, 어프로치에 주로 사용하는 피칭 웨지, 퍼터와 비슷한 지거(치퍼) 등의 특수한 아이언도 개발되어 골퍼들의 사랑을 받고 있는데, 일반적으로 주말 골퍼들은 롱 아이언은 가지고 다니지 않으며, 대신 피칭과 샌드 웨지 사이에 쓸 수 있는 어프로치와 샌드보다 로프트가 큰 로브 웨지를 가지고 다니는 사람이 많다. 그리고, 겨울에는 러닝 어프로치(칩)를 위해 지거(치퍼)를 추가로 가지고 다니기도 한다.

 짬짬이 즐기는 **황당 퀴즈**

1. 연속적으로 보기만 하는 분?
2. 연속적으로 더블보기만 하는 분?
3. 일주일에 골프를 네 번씩 치는 분?
4. 연속으로 파를 네 번 하면?
5. 연속으로 파를 다섯 개 하면?
6. 골프 용어 중 유일한 한국어는?

1.변태 2.스와핑 3.주사파 4.아우디 5.올림픽 6.뒤땅

재미있는 **골프 룰**

공이 마커에 부딪쳤을 때
(규칙 제19조)

그린 위에서 공이 마커에 부딪쳐 방향이 바뀔 수 있다. 이 경우에는 공이 멈춘 곳에서 벌타 없이 플레이를 해야 한다.

여자 혼자 골프를 치다

미국 오하이오 주의 주도(州都)는 컬럼버스 시이다. 이 시는 자체적으로 운용하는 퍼블릭 골프장을 7개나 가지고 있다. 그 중 하나만 9홀이고, 나머지는 모두 한국에서는 20만 원 이하로는 절대 플레이가 불가능한 고급 18홀짜리다.

그런데 이들 골프장을 1년간 마음대로 이용할 수 있는 연간 이용료가 단돈 950달러로, 그것도 11월 30일 이전에 사면 100달러를 할인해서 850달러에 살 수 있고, 전년도에 샀던 사람이 계속해서 사면 다시 100달러를 추가로 할인해준다. 750달러에 7개 골프장을 주중이나 주말이나, 비가 오나 눈이 오나(참, 눈이 오면 칠 수가 없다. 한국처럼 잔디 위의 눈을 치워주지 않기 때문에 속이 타지만 할 수 없이 눈이 녹을 때까지 기다려야 한다) 천둥 번개만 치지 않으면 이용할 수 있다.

나는 12월 14일 컬럼버스에 도착했다. 다음 년도 골프 이용권 할인

시기(11월 말)를 이미 지난 뒤였다.

　그렇다고 도착하자마자 골프장으로 쫓아가서 이용권을 사자고 할 수도 없는 일이라 집을 얻고, 중고자동차를 사고, 은행에 계좌를 만들고 하다 보니 12월 20일이 지났다.

　경기가 좋던 예전만큼은 못하지만 그 때는 벌써 크리스마스 분위기로 반쯤 들떠 있는 시기였다. 어느 정도 신변 정리를 마친 나는 평소 친분이 있던 마이크를 앞세우고, 시에서 운용하는 골프장 중 가까운 데 있는 레이몬드 골프장을 찾았다.

　1년 이용권을 사겠다고 했더니 950달러를 내라고 했다. 남편과 둘이니 할인가격인 850달러에 어떻게 안 되겠느냐며 말을 붙여보니 직원은 일언지하에 노(No)라고 했다. 몇 번 더 청을 해보았지만 가능성이 별로 없어 보였다.

　다음날 나는 조금 멀리 있는 멘틀메모리얼 골프장을 찾았는데, 멀리 있다고 해봐야 자동차로 30분 정도의 거리이니 2시간 정도를 쉬지 않고 가야 하는 한국에 비하면 먼 것도 아니었다. 1년 이용권을 사려고 하는데 할인할 방법이 없느냐고 매니저에게 물었다. 할인기간이 지났기 때문에 안 된다는 말을 듣는 순간 내 머릿속에 불현듯 잔꾀 하나가 떠올랐다.

　내가 한국에서 도착한 것이 12월 중순이기 때문에 11월 중에는 도저히 이용권을 살 형편이 되지 않았다는 사정을 매니저에게 설명하면서, 당신이 협조를 해주면 연간 골프이용권을 할인된 가격에 살 수도 있을 것 같다는 이야기를 했다.

그러자 매니저가 무슨 좋은 방법이 있느냐고 되물었다.

나는 속삭이듯이 "한국에 있을 때 11월에 당신에게 전화로 이용권을 신청했는데, 당신이 신청만 받고 돈을 받지 않았기 때문에 기한 내 행정 처리를 하지 못했다고 하면 되지 않겠느냐?"라고 말했다. 사람 좋게 생긴 매니저가 껄껄 웃더니 한번 해보자고 했다.

매니저는 즉석에서 시의 골프장 담당에게 전화를 걸었다.

한참을 알아들을 수 없는 소리로 낄낄대며 떠들던 매니저가 나에게 눈을 찡긋했다. 될 것 같다는 신호였다. 그는 4~5분간을 더 통화한 후 수화기를 내려놓더니 나에게 이용권 신청 양식지를 내밀었다.

내가 주소, 성명, 전화번호 등을 기입해서 주자, 1인당 850달러씩 두 사람 분 1,700달러를 내라고 했다. 그리고는 온 김에 골프를 치고 가라는 말을 덧붙였다. 시에서 발급하는 정식 이용권을 받을 때까지는 돈을 낸 영수증을 보여주면 7개 골프장 어디라도 이용할 수 있다는 말과 함께.

오하이오 주는 원래 12월이 되면 눈이 와서 골프를 못 치는데, 이상하게도 금년에는 아직까지 눈이 오지 않아 골프가 가능하다고 했다. 한국 같으면 부킹(사전 예약)이 없으면 골프장에 발도 못 들여놓지만 이곳은 골프를 치는 사람이 거의 없어서 전혀 문제가 되지 않았기 때문에 나는 아무런 사전 준비 없이 미국에서의 첫 골프를 혼자서 치게 되었다.

여자 혼자 골프를 치면 한국 같으면 신문에 날 일이지만 이곳 미국에서는 거리낄 것이 없었다.

바람이 조금 불었지만, 뭐 아무런 문제도 되지 않았다. 한국에서는 훨씬 춥고, 바람이 많이 불어도 부킹만 되면 하느님인데, 뭐 이 정도 추위쯤이야.

그린에 올라가서 깃대까지 적당한 거리만 남으면 오케이라고 생각하면서 공을 줍다 보니 포 언더(-4)를 기록했다. 미국에서의 첫 골프 치고는 썩 괜찮은 성적이었다.

 짬짬이 즐기는 **황당 퀴즈**

임금이 넘어지면 킹콩, 엄마와 아들이 넘어지면 모자이크, 닭이 넘어지면?

다꽝(그늘집에서 단무지가 나왔을 때)

방송사별 골프 은어

KBS: 까불지 말고 비키세요 사장님!, 또는 깃대 빼고 비키세요 사장님!
MBC: 마크하고 비키세요 사장님! (긴 거리에서 오케이 달라고 할 때)
SBS: 싸우지 말고 비키세요 사장님! (오케이다 아니다 둘이 싸울 때)
ABC: 에이, 빙신같이 쳐뿌렀네 (잘못 쳤을 때)
BBC: 빨리 비키세요 씨×놈아!
CBS: 캐디하고 그만 노닥거리고 비키세요 사장님!
TBS: 티 그만 찾고 비키세요 사장님!
NBC: 내려와 빨리 씨×놈아! (티샷을 한 후 얼른 안 내려올 때)
YTN: 임마 택도 없다 내려 온나. (자기 차례가 아닌데 티박스에 올라갈 때)

재미있는 골프룰

반드시 홀 아웃을 해야 한다고?
(규칙 제2, 3, 32조)

당연하다. 원칙적으로 티오프(Tee Off, 티에 올려놓고 공을 때리는 것)된 공은 홀 아웃(Hole Out, 홀에 들어간 것을 꺼내는 것)을 해야 한다. 그렇지 않으면 실격이다.

하지만 홀 아웃을 하지 않아도 되는 경우가 있다. 매치 플레이의 경우 어느 한 플레이어가 상대방에게 오케이(Concede)를 주면 바로 공을 집을 수 있다.

아마추어들의 경우에는 아예 진행을 빨리하기 위해 사전에 일정한 거리(일반적으로 퍼터의 손잡이 고무 안쪽)를 약속한 후, 그 거리 내에서 자동적으로 오케이를 주기도 한다. 오히려 오케이를 주지 않으면 캐디 언니들이 골프장 사장님에게 혼나는 곳이 많다.

오케이는 한 번 더 치면 들어간 것으로 인정해주는 것이기 때문에 지금까지 친 타수에 하나를 더해서 스코어 카드에 기록한다.

오케이를 주는 경우, 상대방은 이를 거부해서도 안 되고, 또 오케이를 주었던 사람이 이를 철회해서도 안 된다.

오케이를 받고도 공을 쳐서 홀에 들어가지 않았을 경우에는 어떻게 될까? 이 경우에도 들어간 것으로 쳐준다.
 그런데 진행을 빨리하기 위해 오케이를 주었는데, 굳이 공을 치는 심뽀는 또 뭔가? 이런 경우 딱 맞는 말이 있다. 집시!(집어라 씨×넘아!)

골프 내기에서
남자들의 콧대를 꺾다

　K사장님은 유나이티드 항공기의 기내 청소 사업을 하는 성공한 교민으로, 나이(78세)가 많은데도 불구하고 정력적으로 골프를 즐기는 부지런하고 사교성이 많은 분이다.
　나는 전에도 K사장님께 신세를 많이 졌기 때문에 컬럼버스에 도착하자마자 전화 연락을 드렸다. 그런데 정착을 위한 여러 가지 일로 바빴기 때문에 바로 만나 뵙지 못하고 도착 후 보름 정도가 지나서야 K사장님을 만나게 되었다.
　K사장님은 이런저런 이야기 끝에 우리에게 골프 회원권을 샀느냐고 물었고, 우리가 시에서 운영하는 골프장 이용권을 샀다고 했더니 실망하는 기색이 역력했다. 그리고는 한참동안 뜸을 들이다가 자신은 뉴알바니링크스 골프장 회원권을 쓰고 있다고 하면서 은근히 우리가 같은 골프장 회원권을 사길 바라는 눈치였는데, 그분의 뜻을 알아 챈 남편이 그렇다면 뉴알바니 회원권도 사겠다고 서슴없이 말했다.

'세상에… 내가 슈퍼에 가서 과자라도 한 봉지 사려고 하면 쓸데없이 이런 걸 뭣 하러 사느냐고 퉁박을 주던 사람이 골프장 회원권을 추가로 사겠다니….'

사실 골프장 회원권이 비싼 건 아니다.

뉴알바니링크스 골프장의 경우에는 1년간 부부가 전동카트를 타고 플레이를 하는 조건으로 연간 1,350달러였다. 한국 골프장 기준으로 보면 부부가 세 번 정도 플레이를 할 수 있는 비용이지만, 우리는 이미 시에서 운영하는 골프장 이용권을 샀기 때문에 한 푼이 아쉬운 타국생활에서 선뜻 또 하나의 골프장 회원권을 산다는 결정은 사실 내리기가 어려운 것이었다.

하지만 결국 남편의 호쾌하고도 무대뽀한 기질로 인해 우리는 뉴알바니링크스 골프장 회원권까지 사게 되었다.

뉴알바니링크스 골프장은 전에도 몇 번 이용했던 곳으로, 그린이 까다롭고 워터해저드가 많아서 매우 난해하지만 페어웨이 잔디가 마치 카펫을 깔아놓은 것처럼 아주 좋은, 나름 고급인 퍼블릭 골프장이다.

아무튼 뉴알바니의 골프 회원권을 산 후 K씨, L씨, A씨, 남편, 그리고 나 이렇게 5명이 매주 수요일 오후에 골프를 치기로 했다. 원래는 세 분이 매주 화요일에 치던 모임이었는데, 남편이 학교 스케줄 상 화요일보다 수요일이 좋다고 해서 수요일로 옮긴 것이다.

이윽고 기다리던 수요일이 되어 기대감을 갖고 우리는 뉴알바니에 도착했다.

한국에서처럼 티타임 30분 전쯤에 도착했는데, 일행 중 그 어느 누구도 보이지 않았다. 우리는 퍼팅장에서 퍼팅 연습을 하면서 일행이 이제나 올까 저제나 올까 목을 빼고 기다렸다. 하지만 그들은 티타임 5분 전이 되어도 나타나지 않았다.

뭐가 잘못 되었나 걱정이 되어 K사장님께 전화를 하니 곧 도착한다고 했다. 결국 티타임보다 10분이나 지나서 모두 도착한 것이다.

한국 같았으면 아예 플레이를 하지 못하거나 아니면 기다렸다가 부킹된 사람들이 다 나간 후 맨 마지막에 출발해서 일몰 때문에 18홀을 다 마치지도 못할 수 있는 상황이 아닌가?

그런데 어느 누구도 티타임 30분 전쯤에 도착해야 한다는 사실을 알지 못한다는 듯 미안한 기색들이 전혀 없었다.

그래서 내가 넌지시 "티타임에 늦으면 2벌타인데요?" 하고 말했더니 그런 법이 어디 있느냐는 반응들이었다.

나는 규정에 의해 5분 이내로 지각하면 2벌타를 부과 받지만 5분 이상 지각하면 실격이라는 이야기를 해주면서, 한국에서는 일반적으로 30분 전에는 골프장에 도착해야 한다는 이야기를 해주었다.

사실 미국에서도 부킹을 받는다. 하지만 부킹은 같은 시간대에 여러 사람이 몰리는 것을 방지하기 위한 수단에 불과할 뿐 부킹시간에 절대적으로 구애를 받는 것은 아니다. 부킹 시간보다 일찍 도착하면 일찍 필드로 나가고, 늦게 도착하면 또 늦게 끼어들어서 나간다.

뭐 전체적으로 보면 티오프 순간에만 조금 밀리지, 시간이 지나면 다시 균형이 맞춰지기 때문에 크게 문제가 발생하는 것도 아니다.

아무튼 첫 모임부터 티오프시간보다 늦게 플레이를 시작했는데, 관례에 의해 1 스트로크당 25센트 내기를 하자고 했다.

남편은 원래 내기라면 칠색팔색을 하는 사람이라 자기는 빠지겠다고 누차 이야기를 했지만, 일행이 그러면 재미가 없다고 해서 할 수 없이 울며 겨자 먹기로 참여했다.

처음에는 남의 눈치가 보여서 남자 넷이 앞에서 치고, 나는 바로 뒤에 따라가면서 혼자서 쳤다.

내가 혼자서 뒤를 막아주니 뒷팀에게 먼저가라고 양보할 필요가 없어서 좋다며 남자들 넷이 아주 재미있게 플레이를 펼쳐 나갔다.

그런데 전반 나인 홀이 끝나자, K사장님이 나도 같이 치자고 했다. "뒷팀이 욕할 텐데요."라고 하자, 그분은 패스시켜 주면 된다고 하면서 함께 치자고 했다. 그래서 "핸디를 얼마씩 드릴까요?" 했더니 "핸디는 무슨?" 하면서 오히려 자기들이 핸디를 주겠다고 난리였다.

그런데 바로 10번 홀에서 나는 버디, 남편은 파, A씨는 보기, K사장님과 L사장님은 더블보기를 기록해서 나는 단번에 2달러 75센트를 벌어들였다. 버디의 경우에는 1점을 보태주기 때문에 나온 결과였다.

결국 나는 후반 아홉 홀에서만 18달러를 벌어들였다. 그것은 기본 25센트의 70배가 넘는 거액(?)이었다. 하지만 이후 다시는 나를 내기에 끼워주지 않아 더 이상 외화를 버는 일은 없게 되었다.

돈 잃고 속 좋은 사람 없다는 말이 맞는 건지, 남자들이 속이 좁은 건지, 쯔쯔.

국어시간

집시: 집어라 씨×놈아. (오케이 줬는데도 퍼팅하려고 할 때)
장미: 장난치냐 미×놈아. (클럽을 바꿔 달라고 했다가 다시 먼저 번 클럽을 달라고 할 때)

경영학 시간

CEO: 씨×놈아 엣지도 온이냐? (엣지에 올려놓고 온 그린시켰다고 뻐길 때)
CIO: 씨×놈아 이것도 온이냐? (제주도 온 시켜 놓고 뻐길 때)
B to B: 벙커에서 또 벙커로 칠 때
MS: Mark Sir(오케이 달라고 할 때)

체육학 시간

IOC: 이것도 온이냐 씨×놈아? (제주도 온 시켜놓고 뻐길 때)
HDCP: 헤매지 말고, 대가리 들지 말고, 씨부리지 말고, 패버려라

문학시간(서유기)

삼장법사: 삼세번 운운하면서 지는 장타날 때까지 쳐놓고 남한테는 법대로 하자는 사장님
사오정: 사장님 오늘 정말 잘 치셨어용, 사장님 오늘 정말 안 되시네용

재미있는 골프 룰

지각은 2벌타
(규칙 제6조)

2013년 3월 21일, 미국 캘리포니아 칼스배드에서 열린 LPGA 프로암대회에서 2분이 늦어 세계 랭킹 2위인 청야니가 본 대회 참가 자격을 박탈당했다. 2010년 바클레이스 대회에서도 짐퓨릭이 프로암 지각으로 실격당한 적이 있다.

골프는 매너 경기다. 프로라고 해서 아마추어를 기다리게 해서는 안 된다는 취지에서 본 게임보다 프로암대회에서 더 가혹하게 규정을 적용한다.

모든 플레이어는 최소한 티오프 시간 이전에 티박스에 도착해야 하는데, USGA 룰에 의하면 티오프 시간 5분 이내까지 지각을 하면 2벌타를 부과 받고 경기를 할 수 있다. 물론 5분 이상 지각한다면 실격 처리된다.

참 장타십니다!

　레이몬드 골프장의 1번 홀은 481야드로, 파 5이다. 파 5 치고는 비교적 짧은 홀인데, 드라이버 샷이 떨어지는 200미터 정도의 지점에 벙커가 큰 입을 벌린 채 페어웨이의 2/3 정도를 차지하고 있어서 벙커를 넘기지 않는 한 투 온을 좀처럼 허락하지 않는 홀이다. 레이디 티박스는 화이트에서 50미터 정도 앞으로 나와 있기 때문에 나는 벙커보다 항상 30~40미터 정도 앞에 공을 보내놓고 세컨드 샷을 준비했다.

　보통 남자들은 180~220미터 정도 드라이버 샷을 날리는데, 벙커의 오른 쪽을 잘 공략해서 페어웨이에 안착시키지 않는 한 벙커에 집어넣기 일쑤다. 특히 벙커의 뒷벽이 2미터 정도 되기 때문에 웬만한 장타자가 아니고는 벙커를 직접 넘기지 못하도록 설계되어 있다. 그리고 페어웨이의 오른 쪽은 약간의 경계를 두고 자동차가 많이 다니는 간선도로이기 때문에 슬라이스에 대한 심리적 부담 또한 많이 가는 홀이다.

　남자들이 모두 세컨드 샷을 하고 앞으로 30~40미터 정도 걸어 나

와서 내가 세컨드 샷을 하는 것을 지켜보고 있을 때 갑자기 뒷팀에서 친 공이 20미터 정도 뒤쪽에 '툭'하고 떨어지는 소리가 들렸다.

그러자 같이 치는 분이 "야! 누군지 모르지만 장타네." 하고 감탄했다.

그러자 한 성질 하는 또 다른 분이 "밟아 버려요." 하고 외쳤다.

사실 골프는 매너 경기인데 앞 팀이 세컨드 샷을 하고 걸어 나가기 전에 뒤에서 샷을 하는 건 매너를 떠나 매우 위험한 일이다.

나는 급히 "그냥 두세요. 모르고 쳤겠죠."라고 하며 상황을 좋게 가져가려고 했다.

그런데 세 번째 홀에서도 내가 세컨드 샷을 하기 전에 다시 뒷팀이 친 공이 우리 쪽으로 굴러왔다. 순간 공을 밟아버리고 싶은 충동을 느꼈지만, 웬 놈인지 얼굴이라도 한번 보고 싶었다.

네 번째 홀을 별 탈 없이 마치고, 다섯 번째 파 3 홀을 준비하고 있는데, 뒷팀 사람들이 네 번째 홀 아웃을 하고는 전동카트 소리도 요란하게 우리가 티샷을 준비하고 있는 다섯 번째 홀 쪽으로 위풍당당하게 다가왔다.

티샷을 준비하고 있는데도 부릉거리면서 전동카트를 타고 올 정도로, 매너를 쌈 싸 먹은 어글리 아메리칸들이었다.

내가 조용히 다가가서 얼굴 가득 웃음을 띠고 우아하게 말했다.

"굿모닝."

그러자 그 사람들도 굿모닝이라고 화답했다.

"You've got a long drive(참 장타시군요)."

그러자 푸른 색 상의를 입은 30대 초반의 젊은이가 거만하게 카트에 앉은 채로 목에 잔뜩 힘을 주고는 '바로 내가 장타를 날린 골퍼다.'라는 태도로 어깨를 으쓱했다.

질세라, 나는 웃음기를 싹 걷어낸 얼굴로 정색을 하고 말했다.

"Why did you shot before my second shot?(그런데 왜 당신은 내가 세컨드 샷을 하기 전에 샷을 하는 거지?)"

그제야 사태를 눈치챈 뒷팀 중 한 명이(뒷팀은 모두 두 명) 미안하다고 하면서 얼른 사태를 마무리 지으려고 했다.

그런데 정작 드라이버 샷을 한 인간은 벌레 씹은 표정으로 그냥 짓뭉개고 앉아 있었다.

"I think golf manner is more important than long range(나는 장타보다 골프 매너가 더 중요하다고 생각하는데)."

매너 얘기까지 했는데도 장타자란 인간은 전혀 사과할 기색도 없이 배를 쑥 내밀고 거만한 자세로 카트에 앉아 있는 게 아닌가.

더 이상 말해봐야 별 소득도 없을 것 같아서 그냥 돌아서면서 그 인간 들으라는 듯이 큰 소리로 중얼거렸다.

"Being proud of longer range than woman, shit!(여자보다 길게 친다고 자랑하는 거야, 뭐야?)"

그 인간 표정을 보지는 못했지만 무척 발그레하게 열꽃이 피지 않았을까?

6번 홀은 파 5로, 중간에 페어웨이를 가로지르는 개울이 있는데, 티그라운드로 올라간 L씨가 슬쩍 블루 티박스에다 티를 꽂았다.

"왜, 거기다 꽂아요?"

"화이트에서 치면 개울에 빠질 것 같아서…."

"2벌타인 건 아시죠?"

"이크크. 쏘리."

재미있게 치고 홀 아웃을 하면서 슬쩍 뒤를 돌아다보니 뒷팀의 장타를 자랑하던 어글리 아메리칸, 아니나 다를까 개울에다 볼을 집어넣질 않나 사방 숲속을 헤매며 정글탐험을 하고 있다.

뒷팀은 결국 9홀만 마치고 중간에 골프장을 나갔다.

여자에게 한 소리 들은 것이 꽤나 충격이 컸던 모양이다.

"헤이, 장타 젊은이! 골프 실력을 자랑하기 전에 매너부터 갖추고 와. Bye Bye!"

황당한 GOLF 해석

Grass Oxygen Light Foot : 잔디 위에서 산소를 마시며 가볍게 걷는 것
Gentlemen Only Ladies Forbidden : 신사전용 숙녀 금지

고백

부부가 골프를 함께 치고 있었다.
남편: 여보 사실은 나 고백할 게 하나 있어.
부인: 뭔데?
남편: 10년 전에 비서하고 바람을 핀 적이 있어.
부인: 나도 고백할게 있는데….
남편: 괜찮아, 다 얘기해 봐.
부인: 사실은 나 남잔데 성전환 수술한 거야.
남편: (한참을 생각하더니) 야! 이 씨×놈아, 그런데 왜 지금까지 레이디 티에서 쳤어?

레즈비언을 원해요

골프를 치던 사람이 벼락을 맞고 하늘나라로 갔더니, 하느님께서 말씀하셨다. "옆에 있던 사람을 데려와야 했는데, 슬라이스가 나서 너를 잘못 데려왔다. 그래서 너를 다시 돌려보내야겠는데, 먼저 육신은 벼락으로 망가졌으니 예전의 모습으로는 보내줄 수가 없구나. 그래서 말인데, 너는 어떤 모습으로 보내주길 원하느냐?"
남자: 레즈비언으로 만들어 보내주세요.
하느님: 건강한 녀석이 웬 레즈비언인고?
남자: 전과 같이 예쁜 여자와 사랑을 나눌 수도 있고, 골프를 칠 때는 레이디 티에서 칠 수 있으니까요.

재미있는 **골프 룰**

뒤에 있는 티박스를 사용하면 안 될까?
(규칙 제11조)

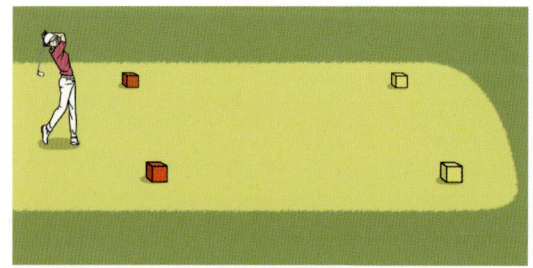

당근 안 된다. 처음에 약속된 티박스에서 쳐야 한다.

티박스에서 드라이버를 치면 페어웨이를 가로지르는 개울에 빠질 것 같아 티 마크가 있는 곳에서 약간 후방에 티를 꽂고 공을 치면 어떻게 될까? 약간이 어느 정도냐에 따라 무벌타일 수도 있고, 2벌타를 받을 수도 있다.

자기가 가지고 있는 클럽 중 가장 긴 클럽(일반적으로 드라이버)의 2배 거리 내에서 티를 꽂았을 경우에는 무벌타다. 하지만 이 범위를 벗어나게 되면 2벌타를 받는다.

그렇다면 스탠스 시 다리가 클럽 2개 범위 밖으로 나가게 되면 어떻게 될까? 이 경우에는 당연히 무벌타다.

티 마커는 바깥쪽이 경계이기 때문에 티 마커 앞쪽 선상에다 티를 꽂아도 선보다 앞으로 나오지만 않으면 아무런 문제가 되지 않는다.

세 번씩이나 클럽을 잃어버리다

    한국은 플레이가 지연되는 것을 방지하기 위해 거의 모든 골프장이 캐디를 채용하고 있지만, 미국 골프장에는 캐디가 없다. 그래서 모든 것을 자기가 직접 챙기지 않으면 안 된다. 그러다 보니 너 나 할 것 없이 가끔씩 클럽을 잃어버리는 일이 발생한다.

    한번 잃어버린 클럽을 되찾는다는 건 거의 불가능하다. 사실 잃어버린 사람이 비는 클럽을 같은 제품으로 맞추려고 하면 비용이 많이 든다. 반면에 주운 사람은 중고상에게 넘겨봐야 5달러 정도밖에 못 받기 때문에 전혀 돈이 안 되는 데도 돌려주려고 하지 않는다.

    미국이라는 나라는 한국인들에게는 전혀 이해가 안 되는 일들이 다반사로 일어난다. 대표적인 것이 자동차 바퀴 빼가기와 유리창 깨고 내비게이터 훔쳐가기다. 자동차 바퀴를 빼다가 팔아먹으면 얼마나 받는지 모르겠지만, 슬럼가에 잘못 주차를 하게 되면 눈 깜짝할 사이에 바퀴 네 개를 전부 빼가 버린다. 그것도 백주 대낮에.

내가 아는 어떤 분도 바퀴 네 개를 전부 훔쳐가는 바람에 낭패를 본 적이 있고, 나도 식당 앞에 자동차를 주차시켰다가 유리창을 깨고 내비게이터를 훔쳐가는 바람에 크게 기분이 상했던 적이 있다. 자동차 유리를 수리하는 데는 350달러 정도가 든다. 그런데 내비게이터는 신품이 100달러 미만이기 때문에 중고는 얼마나 하는지 모르겠지만 몇 푼 안 될 게 빤한 데도 유리창을 깨고 내비게이터를 훔쳐간다.

나에게 작은 이익만 된다면 남이야 어떻게 되든 상관없다는 게 미국 우범자들의 생각인 것 같다.

겨울 추위가 채 가시지 않은 2월 18일, 나는 뉴알바니링크스 골프장에서 K씨와 라운딩을 했다. 골프백을 싣고 집으로 와서 저녁 식사 후에 클럽을 닦다 보니 어프로치 웨지가 보이질 않았다. 급히 클럽하우스로 전화를 했지만 퇴근시간이 지나서인지 아무도 받지를 않았다.

한잠도 못자고 밤새 근심걱정을 하다가 날이 밝기가 무섭게 부랴부랴 뉴알바니링크스로 향했다.

클럽하우스에 가서 혹시 어제 어프로치 웨지 하나 습득물로 신고된 것이 없느냐고 물었더니 웃으면서 내 웨지를 꺼내주는 것이 아닌가? 성당에 가야했기 때문에 일단 고맙다는 말과 함께 웨지를 받아가지고 나왔다.

다음날 A4 용지에다 감사의 말과 함께 맥주 한 피처 값을 지불해놓

앉으니 마셔줬으면 좋겠다는 내용의 글을 프린트해서 매니저에게 갖다 주고 게시를 부탁했다.

그리고 바로 그 날, 온 김에 골프를 치고 간다고 하면서 또다시 어프로치 웨지를 잃어버렸다. 그리고는 잃어버렸는지도 모르고 추위를 녹인다고 클럽하우스에서 커피를 마시고 있는데 웬 남자가 들어오더니 이거 당신 것 아니냐고 묻는 것이었다. 보니까 내 클럽이 맞았다.

너무나도 당황스러워서 제대로 고맙다는 인사도 못하고 얼떨결에 클럽을 받았다. 잠시 후 정신을 차리고 나서 커피라도 한잔 사줘야겠다고 생각을 하면서 보니 그 남자는 이미 가버리고 없었다.

남편은 한 번도 아니고 두 번씩이나 클럽을 잃어버리고 다닌다고 방방 뛰고 난리였다. 하지만 어쩌랴 지나간 일인데.

다시는 잃어버리지 않으리라 다짐을 하면서 A4 용지에다 월요일에 클럽을 주워다 준 분에게 감사드린다는 내용까지 추가로 넣어서 다시 매니저에게 갖다 주고 바꿔서 게시해 달라고 했다.

한 1주일 쯤 후에 먼저 클럽을 주워서 클럽하우스에 맡겼던 사람이 맥주를 달라고 해서 동반자들과 함께 마셨다는 이야기를 들었다. 하지만 두 번째로 클럽을 찾아준 사람은 끝내 나타나지 않았다. 그 분이 보지는 못하겠지만 이 지면을 빌어서 다시 한 번 감사의 뜻을 전하고 싶다.

그리고 2주일쯤 지난 일요일, 멘틀메모리얼 골프장에서 골프를 치고 있는데, 뒷팀에서 치던 사람들이 혹시 클럽을 잃어버리지 않았느냐고 물어왔다. 그래서 얼떨결에 잃어버리지 않았다고 대답하고는 골프백을 살펴보고 있는데, 뒷팀 사람이 클럽을 보여주면서 당신 것이 아니냐고 다시 묻는 것이었다.

지금도 알 수 없는 것은 그날 샌드 웨지를 사용한 기억이 없는데 뒷사람이 주워가지고 왔다는 사실이다.

내가 생각해도 골프치매 중증인 것 같은데 이걸 어떻게 치료해야 할까?

클럽을 잃어버리지 않는 방법

한국에서도 전동카트를 타고 라운딩을 하는 경우에 클럽을 두 세 개씩 가지고 갔다가 잃어버리는 경우가 간혹 있다.

페어웨이에서 칠 때는 가급적 치지 않는 클럽을 치고 난 후에 걸어가는 쪽에 놓고 치면 가다가 발에 걸려 거의 잃어버리지 않는다. 그리고 벙커에서 칠 때는 고무래와 함께 놓아두면 잃어버리는 일이 없다.

그린에서 어프로치 클럽을 자주 잃어버리게 되는데, 이때는 깃대 위에다 두면 절대로 잃어버리지 않는다. 캐디나 깃대를 꽂는 다른 동반자가 반드시 주워 주기 때문이다.

나처럼 클럽을 그린 바깥에 두는 사람들이 많은데, 남에게 피해를 주지 않겠다는 배려심은 높이 살만 하지만, 그린 바깥에 두는 것은 클럽을 이제 버리고 가겠다는 것이나 다름없는 행위라는 것을 명심하자.

골프치매

초기 증세

- 그늘집에 모자를 놓고 나온다.
- 남녀 화장실을 구분 못하고 들어간다.
- 라커번호를 까먹는다.
- 타순을 잊어버린다.
- 몇 타 쳤는지 기억하지 못한다.
- 퍼팅 수를 기억하지 못한다.
- "왼쪽 맞지?" 하면서 오른쪽으로 퍼팅한다.
- 짧은 파 3 홀에서 드라이버를 꺼내든다.
- 엉뚱한 깃대를 향해 온 그린을 시도한다.
- 세컨드 샷을 다른 사람 공으로 한다.
- 다른 사람의 채를 꺼내 든다.

중기 증세

- 비회원인데 회원란에다 이름을 쓴다.
- 그늘집에서 오리알을 달걀이라고 우긴다.
- 주중에 운동하면서 "주말인데 날씨 좋다"고 말한다.
- 레이크 힐스에서 만나기로 하고 레이크 사이드로 간다.
- 두발용이라고 쓰여 있는 크림을 두 발(足)에 바른다.
- 헤어크림을 얼굴에 바른다.
- 다른 사람 팬티를 입고 나온다.
- 분실물 보관함에 있는 것을 보고 값이 얼마냐고 묻는다.

말기 증세

- 깃대를 들고 다음 홀로 이동한다.
- 캐디 보고 "여보"라고 말한다.
- 골프 치고 온 날 저녁에 아내에게 "언니"라고 부른다.
- 손에 공을 들고 캐디에게 내 공 달라고 한다.
- 티 위에 공을 올려놓고 공 찾는다고 주머니를 뒤진다.
- 카트 타고 라디오 좀 틀어보라고 한다.
- 벙커샷 후에 채 대신 고무래를 들고 나온다.
- 탕 안에서 그날의 동반자를 보고 "오랜만이네"하고 인사한다.
- 다른 단체팀 행사장에 앉아서 박수친다.

애인 수에 따라 사람이 달라요

- 애인이 한 명 있는 사람은 한심(一心)한 사람
- 애인이 두 명 있는 사람은 양심 있는 사람
- 애인이 세 명 있는 사람은 세심한 사람
- 애인이 네 명 있는 사람은 사심 있는 사람
- 애인이 다섯 명 있는 사람은 심오한 사람
- 애인이 열 명 있는 사람은 열심히 사는 사람
- 애인이 한 명도 없는 사람은 무심한 사람

재미있는 *골프 룰*

클럽의 수를 규제한다고?
(규칙 제4조)

　골프채도 클럽이라고 하고, 골프장도 클럽이라고 하고, 골프동호인들의 모임도 클럽이라고 한다.

　당신이 아무리 부자라도 애인에게 클럽을 하나 선물하고 싶다는 얘기를 해서는 절대로 안 된다. 당신은 골프채를 하나 사주겠다고 말한 것이지만 당신 애인은 골프장을 선물 받는 것으로 생각할 테니까.

　규정상 플레이어가 사용할 수 있는 최대 클럽은 14개까지다. 만약에 골프백 속에 15개 이상의 클럽이 들어 있다면 경기가 시작되기 전에 초과되는 클럽은 빼내서 따로 보관해야 한다. 계속해서 백 속에 15개 이상의 클럽이 들어 있었다면 매 홀당 2벌타씩 최대 4벌타까지 부과된다.

　만약에 스타트를 하고 난 후에 클럽이 15개 이상이라는 사실을 알았다면 즉시 어느 어느 클럽을 사용하지 않겠다는 선언을 해야 한다. 물론 선언 후에 해당 클럽을 사용한다면 당연히 실격 처리된다.

열쇠 좀 잃어버려봐야
정신 차리지?

아침에 뉴알바니링크스에서 웨지를 찾은 후, 성당에 가서 예배를 보고는 바로 턴베리 골프장을 찾았다.

턴베리 역시 시에서 운영하는 골프장인데, 골퍼의 도전 의욕을 상승시킬 만큼 설계가 잘 되어 있고, 잔디 상태도 좋은 고급 골프장이다.

하지만 시에서 운영하는 7개 골프장 중 집으로부터 가장 멀리 떨어져 있기 때문에 평소에는 자주 이용하지 않았다. 그러나 성당에서는 그리 멀지 않았기 때문에 일요일에 미사를 본 후 조금 돌더라도 가끔씩 턴베리에 들러 운동을 하고 집으로 돌아오기도 했다.

미사를 본 후 간단히 요기를 하면 대개 12시가 조금 넘기 때문에 부지런히 가면 1시쯤에는 티오프를 할 수 있다.

그날은 바람이 불고 날씨가 좀 쌀쌀했기 때문에 걷지 않고 전동카트를 타기로 했다.

카트를 타고 18홀을 모두 돌고 나니 저녁 5시가 넘었다. 자동차로 가서 골프백을 실으려고 하는 순간 남편의 얼굴이 하얗게 변하더니 자동차 열쇠가 없어졌다고 하는 것이 아닌가.

이럴 때는 바가지를 긁어봐야 아무 소용이 없다. 우선은 열쇠부터 찾고 봐야 한다. 아무 소리 안하고 급히 클럽하우스로 갔더니 직원들이 막 퇴근 준비를 하고 있었다. 혹시 자동차 키가 습득물로 들어오지 않았느냐고 물었더니 없다고 했다.

하늘이 노랬지만 어쩌랴, 빨리 찾는 수밖에.

퇴근하려는 직원에게 자동차 키를 잃어버렸기 때문에 전동카트를 타고 좀 찾아봐야겠다고 말하고는 그대로 카트를 몰고 18번 홀로 갔다. 그린에서부터 페어웨이를 거쳐 티박스 순으로, 공을 치며 갔던 코스를 역으로 돌면서 열쇠를 찾기 시작했다.

18번 홀 그린에도 없고, 세컨드 샷을 한 지점에도 없고, 티박스에도 없고, 17번 홀 역시 없고, 16번 홀에도 역시 없었다.

벌써 해가 넘어가서 어두워지기 시작했고, 해가 넘어가자, 바람이 더욱 차가워져 뺨이 얼고 손이 시려오기 시작했다.

사실 자동차 키만 잃어버렸다면 보험회사에 연락해서 어떻게든 차문을 열고 들어가면 되지만, 문제는 자동차 열쇠 꾸러미에 아파트 열쇠까지 함께 달려 있다는 사실이다. 미국은 한국과 달리 아파트 관리실 직원들이 오후 6시만 되면 전부 퇴근하기 때문에 열쇠를 분실하면

집에 들어갈 방법이 없게 된다.

열쇠를 못 찾으면 호텔에서 자야 되나? 아니면 어디 신세질 데가 있나? 어떻게 해야 하나? 온갖 생각이 머릿속에서 떠올랐다 사라졌다를 반복했다.

15번 홀 없고, 14번, 13번 없고, 12, 11, 10번 홀을 전부 뒤졌지만 백 나인에는 없는 것 같았다.

프론트 나인으로 와서 1번 홀을 뒤지고, 2, 8, 7, 6번 홀을 모두 찾아봤는데도 열쇠는 발견되지 않았다. 이제 남은 홀은 3번, 4번, 5번 3개인데, 4번 홀은 앞 팀이 플레이가 느려서 건너뛰었기 때문에 실질적으로는 3번, 5번 두 개밖에 없었다.

'두 개를 모두 뒤져도 안 나오면 어떻게 하지? 처음부터 다시 뒤져야 하나?'

나는 마음을 졸이며 조바심을 냈다.

급기야 어두워져서 시야가 더욱 좁아졌고, 바닥이 잘 보이지도 않아 신경을 곤두세운 나는 온갖 상상으로 머리가 깨어질 것 같았다.

카트를 몰고 가다가 열쇠 뭉치 같아서 가보면 디봇 떡이었다. 시간이 흘러가면서 초조해지니까, 모든 디봇 떡이 열쇠 뭉치처럼 보이기 시작했다.

5번 홀은 파 5로, 티박스에서 그린 쪽으로 완만하게 올라가는 경사진 홀인데, 카트에서 내려 그린 위를 보았지만, 열쇠 뭉치 같은 것은 없었다. 다시 카트를 타고 써드 샷을 했던 지점으로 천천히 내려오면서 살펴본 후, 세컨드 샷 지점으로 이동하고 있는데, 조금 검은 덩어리가 눈에 들어왔다.

일단 디봇 떡 같기는 했지만 남편에게 그쪽으로 가서 확인해 보자고 했다. 가보니 올레! 열쇠 뭉치였다.

얼마나 반갑던지 춤이라도 추고 싶은 심정이었다. 남편이 고맙다며 힘껏 안아주었는데, 기억을 상기해 보니 신혼 때 안아 준 것보다 더 세게 안아주었던 것 같다. 하지만 그때는 춥다는 생각 때문에 사실 아무 느낌이 없었다.

남편은 평소에 지갑과 열쇠 등 분실 가능성이 있는 것들은 플레이 전에 모두 주머니에서 꺼내 골프백 속에 보관을 했다. 물론 오늘도 처음에는 골프백 속에 넣었었다.

하지만, 클럽하우스에서 체크인을 하다가 2개에 20달러 하는 골프모자를 보고는 싸다고 2개를 산 후에, 모자를 차 안에 둔다고 백에서 열쇠를 꺼내 차 안에 넣고는 열쇠를 그대로 주머니에 넣었던 것이다 (이건 골프치매 몇 단계인지 모르겠다).

후에 생각해 보니 5번 홀에서 디봇 자국에 빠져 있었던 공을 칠 때 주머니에서 열쇠가 빠졌던 것이 확실했다.

주머니에서는 무척 크게 느껴지는 열쇠 뭉치였지만, 잔디 밭 위에서는 아주 작은, 디봇 떡보다도 훨씬 더 작게 보이는 열쇠 뭉치를 캄캄

한 들판에서 찾아낸 것은 천우신조라고 할 수밖에 없다.

"하느님, 감사합니다. 헌금 열심히 내겠습니다."

나는 마음속으로 기도를 했다.

골프장 건배사

- 제가 '올' 하면 다같이 '버디' 하십시오(올해도 버팀목이 되고, 디딤돌이 되자!)
- 제가 '올' 하면 다같이 '파' 하십시오(올해도 파이팅 합시다)
- 제가 '이기자' 하면 다같이 '아자아자' 하십시오(이런 기회를 자주 가집시다, 아주~ 자주 아주~ 자주)
- 제가 소~취하(중국어처럼) 하면 다같이 당~취평 하십시오(소주에 취하면 하루가 행복하고, 당신에게 취하면 평생이 행복해) -부부동반으로 골프치고 난 후
- 제가 '팔공산' 하면 여러분은 '그녀와 함께'를 외치십시오(팔십대까지 공도 치고 산에도 오르자, 그녀와 함께!)
- 골프는 굿샷! 술잔은 원샷!
- 공수래! 공수거!(공치러 왔다가 공치고 간다)

재미있는 골프 룰

공이 페어웨이 디봇 자국에 빠졌을 때
(규칙 제13조)

공이 디봇 자국에 빠지면 '몰래 꺼내놓고 칠까?' 수없이 유혹에 빠지게 되는데, 페어웨이에 있는 디봇 자국, 트랙터 바퀴자국, 잔디가 벗겨진 부분에 공이 들어가 있을 경우에는 평소에 종교를 믿지 않은 것을 후회하면서 그대로 치는 수밖에 없다.

부득이하게 칠 수가 없을 경우에는 언플레이어블을 선언하고, 1벌타를 받은 후 1클럽 길이 내에서 드롭을 하면 된다.

억울하지만 할 수 없다. 그것이 골프니까.
그런데 왜 내 공만 계속 디봇 자국 속으로 들어가는 거야?

양보 좀 하면
어디가 덧나냐?

　오늘은 일요일. 일기 예보에서 95도(35도)가 넘는다고 했지만 K씨가 함께 라운딩을 하자고 해서 뉴알바니링크스 골프장으로 향했다.
　2시 10분 티오프 시간을 받았는데 서두르다 보니 1시 40분쯤에 골프장에 도착했다. 체크인을 마치고 1번 홀 쪽을 기웃거리니 홀이 비어 있는 것 같았다. 진행자에게 티오프시간을 이야기해주고 먼저 칠 수 있는지를 물으니 그렇게 하라고 했다.
　1, 2번 홀을 마치고, 3번 홀 티박스에 올라서자, 4번 홀 티박스에서 앞 팀이 티샷을 하는 것이 보였다.
　파 3인 3번 홀을 간단히 마치고 4번 홀 티박스로 이동해 갔더니, 앞 팀이 아직도 세컨드 샷을 하지 못하고 개울 건너에서 왔다 갔다 하고 있었다. 4번 홀은 파 5인데, 드라이버 샷을 잘못하면 코스를 가로지르는 개울을 넘기지 못하도록 설계되어 있었기 때문에 종종 개울에 공을 빠뜨리는 경우가 많다.

그런데 개울에서 공을 찾았는지, 아니면 포기하고 새 공을 놓았는지는 몰라도 부산스럽게 왔다 갔다 하던 사람들이 행동을 멈추더니 그대로 뻗치고 서 있는 것이 아닌가.

미국인들 가운데는 자신의 볼이 나가는 거리를 아는지 모르는지 파 5에서도 앞 팀이 그린에서 떠나기 전에는 세컨드 샷을 하지 않는 사람들이 많이 있다. 한술 더 떠서 파 4에서 그린이 비기 전에는 절대로 드라이버 샷을 하지 않는 사람들이 있다(세컨드 샷이 아니다).

그렇다고 그 사람들이 비거리가 긴 것도 절대 아니다. 아니 긴 사람을 하나도 보지 못했다.

아니나 다를까, 그린이 비기를 기다렸다가 친 것이 뒤땅을 쳐서 50야드도 가지 못하는가 하면 네 명중에서 가장 잘 친 사람도 150야드를 넘지 못했다. 그 정도의 실력으로 300야드가 넘는 거리의 그린이 비기를 기다린다는 것은 전체적으로 플레이를 지연시키는 것 이외에는 아무런 의미도 없는 일 아닌가.

게다가 앞 팀은 네 명이었고, 우리는 두 명이니 빨리 빨리 쳐도 우리가 기다릴 판인데, 그들은 마냥 플레이를 지연시키고 있었다. 그린에서도 홀 아웃을 한 후에 빨리 비켜주지 않고 느릿느릿 걷는가 하면 걷다가 서서 한참을 자기들끼리 떠들기도 하는 등 골퍼로서의 매너는 찾아보려야 찾아 볼 수가 없는 사람들이었다.

가끔씩 레인저가 카트를 타고 다니기는 하는데, 이 사람들은 도대체 뭘 하는 사람들인지 알 수가 없었다. 플레이가 지연되면 주의를 줘서 빨리 진행하도록 해야 하는데, 자신과는 전혀 관계가 없는 일이라도 되는 것처럼 카트만 씽씽 타고 다닌다.

하도 답답해서 지나가던 레인저에게 앞 팀의 플레이가 너무 많이 지연되어 그 앞에 홀이 2개 이상 비어 있다. 좀 더 빨리 플레이를 하든지 아니면 뒷팀들을 패스시키든지 해야 하는 것 아니냐고 항의를 했더니, 알았다고 하면서 앞 팀으로 갔다. 레인저가 앞 팀 사람들에게 무슨 이야기인지를 하기는 하는 것 같은데, 도무지 주의를 주는 것 같지는 않고, 그들과 한참을 같이 낄낄거리더니 휑하니 가버린다.

레인저가 무슨 이야기를 했는지는 모르겠지만, 앞 팀은 그 후에도 도무지 빨리 갈 생각을 하지 않고, 오히려 더욱 어기적거리며 골프를 진행했다.

미국 골프장은 한국처럼 중간 중간에 그늘집이 있는 것이 아니고, 음료수를 파는 자동차가 수시로 다니기 때문에 거기서 음료수를 사먹는 경우도 있고, 나인 홀을 돈 후에 클럽 하우스에 가서 간단히 맥주를 한 잔 한 후에 나머지 홀을 도는 경우도 많이 있다.

그래서 나는 내심 그들이 클럽 하우스로 가기를 바라면서 9번 홀에서 세컨드 샷을 준비했다. 기대했던 대로 그린을 벗어난 앞 팀이 클럽 하우스 쪽으로 카트를 몰고 가는 것이 보였다.

그런데 웬걸, 우리가 그린에서 퍼팅을 마치고 10번 홀 쪽으로 이동하는데, 카트 한 대가 클럽하우스에서 나와 부리나케 10번 홀 티박스 쪽으로 달려가고 있었다.

그리고는 한 사람이 10번 홀 티박스 위로 올라가더니 치핑연습을 하는 것이 아닌가. 물론 앞의 페어웨이에 사람이 있어서 기다린다면 치핑연습을 하든 퍼팅연습을 하든 상관이 없지만, 앞에 사람이 없는데도 티박스를 차지하기 위해 치핑연습을 하는 것은 심해도 너무 심하다는 생각이 들었다.

잠시 후 굉음을 내면서 카트 한 대가 옆으로 달려 지나가더니 앞에 있는 카트와 합류했다.

하나를 보면 열을 알 수 있다고, 이런 미국 사람들이 있기 때문에 국제사회에서도 욕을 많이 먹는 것이 아닌가 하는 생각이 번뜩 들었다.

몰상식한 미국인들이여! 터무니없이 그린이 비기만을 기다리지 말고, 뒤따라오는 사람들을 배려하는 심성을 좀 지녀라. 아무리 너희 나라 골프장이라고 하더라도 너희 나라 사람들만 오는 건 아니잖니?

일요 골퍼

네 명의 남자가 일요일에 골프를 치면서 대화를 나누고 있었다.
첫 번째 남자가 말했다.
"오늘 나오기 위해서 어떻게 했는지 알아? 다음 주에 우리 집을 전부 새 페인트로 칠하기로 와이프와 약속했어."
"휴, 난 주방 기구를 다 새로 바꿔줘야 돼."
"자네들은 별거 아니구먼, 나는 밍크코트를 사주기로 했어."
그런데 네 번째 남자는 아무 말도 하지 않았다.
세 남자가 궁금함을 참지 못하고 네 번째 남자에게 물었다.
"이봐! 자네는 왜 아무 말도 안 해? 뭘 약속해주고 오늘 나왔어?"
그러자 네 번째 남자가 말했다.
"약속은 무슨 약속…. 나는 새벽 4시에 알람을 맞춰 놓지. 그리고 알람이 울리면 곤히 자고 있는 마누라 옆구리를 쿡쿡 찌르면서 이렇게 말해."
"골프를 하러 갈까? 아님 한번 할까?"
"그러면 마누라는 신경질적으로 언제나 이렇게 말하지."
"쓸데없는 소리 말고 얼른 일어나서 골프나 치러 가!"

재미있는 골프 룰

티박스에서 치핑연습을 할 수 있을까?
(규칙 제11조)

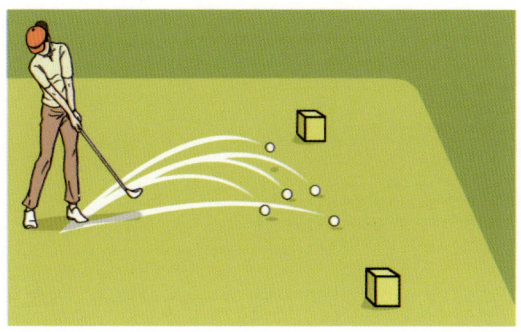

상관없다. 페어웨이에 사람이 있어서 티오프를 기다리고 있을 때는 티잉 그라운드 위에서 치핑이나 퍼팅 연습을 해도 된다.

하지만 경기가 시작되기 전이나 경기 도중에 코스의 그린 위에서 퍼팅이나 치핑연습을 하는 것은 엄격히 금지되어 있다.(제7조)

컬럼버스 시합에서 우승을 하다

아들이 치기공 일을 하기 때문에 미국의 치기공 업계는 어떤지 알아보고 있던 중에, 민가(음식점) P사장님이 자신의 골프동호회에 치기공 일을 하는 사람이 있다고 하면서 동호회가 있는 날 델라웨어 골프장으로 나오라고 했다.

델라웨어 골프장은 1922년에 프로골프 선수였던 도날드 로스의 설계에 의해 9홀로 개장되었다가, 후에 마이클 허잔 박사에 의해 18홀로 확장된 유서 깊은 골프장으로, 주변 경관과 물이 적절히 조화를 이루는 매우 아름다운 골프장이다.

6월 17일에 델라웨어 골프장으로 갔더니 치기공 일을 하는 사람이 하필이면 안 나왔다고 했다. 그냥 돌아오려고 하는데 P사장님이 7월 1일 동호회가 주최하는 시합이 있으니 나온 김에 연습 삼아 골프를 치고 가라고 했다.

못 이기는 척 동호인들과 함께 플레이에 나섰다.

남편은 블루에서 98타, 나는 레드에서 76타를 기록했다.

처음 간 골프장에서의 성적치고는 괜찮았지만, 안전(?)을 고려해서 12를 핸디캡으로 하고 참가 신청을 했다.

드디어 7월 1일 역사적인(?) 날이 밝았다. 평소대로 다섯 시에 일어나서 아침을 든든히 먹고 준비를 한 후 12시쯤 골프장에 도착했다.

P사장님과 간부들이 먼저 와서 준비를 하고 있었다.

P사장님이 남편에게 당일 날 스폰해 준 분들의 이름을 피켓에 써 달라고 해서 몇 사람 써주고 난 뒤 퍼팅장에 가서 연습을 하는데 너무 더워서 많이 할 수가 없었다. 우리는 클럽하우스에서 기다리다가 2시에 카트를 타고 우리 팀 출발 장소인 6번 홀로 갔다.

미국은 한국과 달리 거의 모든 시합을 샷건 방식(선수들이 1번 홀부터 18번 홀까지 동시에 출발하는 방식)으로 하기 때문에 처음에 편성된 사람과 마지막에 편성된 사람이 동시에 시작하고 동시에 끝나서 좋다.

우리 조는 파 5인 6번 홀(485야드)에서 시작을 했는데, 무슨 일이든지 시작이 중요하다. 첫 드라이버가 잘 맞으면 18홀 내내 플레이가 잘되고, 첫 드라이버가 잘 맞지 않으면 18홀 내내 그것이 뇌리를 떠나지 않기 때문에 플레이를 망치기 십상이다.

다행히 드라이버 샷이 잘 맞아서 220미터 정도의 페어웨이에 잘 안착되었다.

4번 우드로 가볍게 세컨드 샷을 했더니 거의 그린 엣지에 붙었기 때문에 가볍게 버디를 기록한 후 이후 계속해서 파 행진을 이어갔다.

파 5인 13번 홀(467야드)에서 투 온을 시키고, 다른 사람들이 플레이하는 것을 지켜보고 있는데, 경기위원인 C씨가 왔다.

그러자 같은 팀에서 플레이를 하던 H가 우리 팀에 지금 언더파로 플레이를 하는 선수가 있다고 호들갑을 떨었다. 호들갑 때문인지 아니면 다소 흥분했는지 쓰리 퍼팅을 해서 파를 기록했다. 약간 기분이 나빠졌다. 그리고 그 영향으로 파 3인 14번 홀에서는 보기를 기록했다.

한 술 더 떠 15, 16번 홀에서도 연속 보기를 기록해서 투 오버가 되었다.

다행스럽게도 17번 홀은 전날 불었던 토네이도의 영향으로 폐쇄되어 모두 파로 기록하고 넘어갔다.

한 홀 쉰 덕분에 18번 홀을 다시 파로 마무리 짓고, 1번 홀로 가서 파를 기록하자, 뇌우 경보에 의해 경기를 중단하고 클럽하우스로 돌아오라는 연락이 왔다.

나머지 네 홀에서 버디를 기록, 남녀 통틀어 그로스 챔피언을 하든가 아니면 조정을 해서 핸디캡 -5(대회 규정상 -5까지만 인정)로 네트 우승을 기대했는데 뜻하지 않게 도중에 경기를 중단하게 되어 당황스러웠다.

그때까지 투 오버였기 때문에 핸디캡 12보다 10개나 덜 친 셈이었다. 더군다나 장타상을 측정하는 4번 홀은 아직 플레이를 하지 못했는데, 페어웨이만 지키면 거의 확실한 장타상을 놓치게 된 것 같아 무척 아쉬웠다. 우승이 안 되면 장타상이라도 노려야 하는데….

아쉬웠지만 스코어카드를 제출하고 만찬장소인 가야식당으로 향했다.

남편은 "우승 못하면 어때. 여자부문에서 최저타를 친 것만으로도 대단한 거야."라면서 나를 위로했다.

드디어 성적이 발표되었다.

경기위원인 L 씨가 "모든 팀이 3~4개 홀을 마치지 못했기 때문에 열네 개 홀의 성적만을 평가했고, 핸디캡에서는 못 친 4개 홀에 해당하는 1/4을 빼서 적용했다."고 발표했다.

가만 있자, 12개에서 1/4을 빼면 3개이고, 그러면 내 핸디캡이 8개가 되니까, 투 오버를 쳤으면 −6이 아닌가?

순간 우승은 날아갔구나 하는 생각이 들었다.

그런데 L 씨가 "−6으로 −5를 넘지만 의도적으로 핸디캡을 부풀린 것으로 보이지는 않았기 때문에 이영숙 씨를 여자 부문 우승으로 결정했다"고 발표했다.

그날 그로스 우승은 −3을 친 남자에게 돌아갔다.

중간에 경기가 중단되었기에 다행이지 괜히 내가 그로스 우승을 노리다가 이도 저도 안 될 뻔했다는 아찔한 생각이 순간 들었다.

상금(300불)이 많은 것은 아니었지만, 뭔가를 이뤘다는 기쁨이 가슴 속에 차올랐다.

몇 번 채로 쳤는데?

친구 부인이 죽어서 조문을 갔다.
왜 죽었느냐고 물으니 골프채로 스윙 연습을 하는데, 실수로 잘못 맞아서 죽었단다.
그러자 많은 친구들이 조용히 물었다.
"몇 번 채로 쳤는데?"

재미있는 골프 룰

뇌우로 인한 경기 중단
(규칙 제6조)

만약 사이렌이나 육성 등으로 뇌우 경보가 있으면 즉시 티 등으로 볼이 있던 곳에 마크를 하고 경기를 중단해야 한다.

하지만 정당한 이유 없이 경기를 도중에 중단하게 되면 실격으로 처리된다.

한국 골퍼는
아무도 못 말려

　2012년 7월 9일은 역사적인 날이다. 우리 한국 골퍼의 실력을 유감없이 발휘한 최나연 선수가 LPGA 유에스 오픈(US Open)에서 우승한 것도 대단하지만, LPGA 커미셔너가 골프는 매너가 중요하다고 하면서 한국 선수들을 입에 침이 마르도록 칭찬했기 때문이다.

　사실 최경주 양용은, 박세리, 최나연, 유소연 등 우리나라 선수들이 미국 무대에서 좋은 성적을 거두는 것은 기적이라고 할 수밖에 없다.

　미국은 한 동네에도 골프장이 여러 개 있고, 골프장 속에 있는 집에 살면 마당이 곧 골프장 페어웨이이기 때문에 어려서부터 골프를 접할 수 있다. 성인이 되어서도 연회비 1,000달러 미만으로 1년 365일 무제한으로 골프를 칠 수 있으니 그야말로 별천지가 아닌가.

　반면에 우리나라는 골프장은 고사하고 골프경기를 관람하거나 TV를 통해 시청하는 것조차 만만치가 않다.

지금도 우리의 기억 속에는 박세리 선수의 경기 모습이 남아 있는데, 특히 박세리 선수의 하얀 맨발이 생생하다. 1998년 7월 7일 연장 18번 홀에서 박세리 선수의 공이 워터 해저드의 경계선을 넘었다. 해저드 내에서도 공을 칠 수만 있으면 벌타 없이 칠 수 있기 때문에 박세리 선수는 주저 없이 신발을 벗고 양말을 벗었다. 순간 햇볕에 검게 그을린 종아리 쪽의 색깔과 대비되어 복숭아뼈 밑의 하얀 발이 눈부신 햇살 아래 수줍게 드러났다. 박세리 선수의 하얀 발은 인체의 신비한 비밀이라도 되는 양 많은 것을 말해주고 있었다.

키가 큰 억새를 부러뜨릴까(부러뜨리면 라이개선으로 벌타를 받을 수 있으므로) 조심스럽게 공을 조준한 박세리 선수는 혼신의 힘을 다해 샷을 했고, 결국 다음 홀에서 극적으로 버디를 잡아내어 유에스 오픈에서 우승컵을 들어 올릴 수 있었다.

이후 2005년 김주연, 2008년 박인비, 2009년 지은희, 2011년 유소연의 유에스 오픈 우승 소식은 지금 생각해도 기적이라고 할 수 밖에 없다.

그리고 2012년 7월 9일(미국 시간 7월 8일) 박세리 선수가 하얀 맨발을 전 세계인들에게 드러내었던 미국 위스콘신주 쾰러 블랙 울프런 골프장에서 우리의 장한 딸 최나연이 또다시 우승을 일궈냈다.

10번 홀에서 최나연 선수의 공이 깊은 숲속 해저드로 날아 들어갔을 때 중계방송을 지켜보던 전 국민은 안타까운 신음소리를 냈다. 이어 경기진행 요원들이 여러 명 달려들어 볼을 찾았지만 찾을 수가 없었다. 평소에도 그렇지만 최나연 선수는 아무런 표정 변화 없이 끝까지 함께 볼을 찾았으며, 티박스로 돌아가서 벌타 후 다시 드라이버 샷을 하라는 경기위원의 지시에 기꺼이 따랐다.

TV 카메라 맨들은 혹시라도 얼굴을 찌푸리지 않을까 하면서 경쟁적으로 최나연 선수의 얼굴을 비췄지만, 최나연 선수는 평소와 똑같이 담담한 표정으로 티박스로 돌아와 티샷을 했고, 결국 트리플 보기를 기록했다.

다른 나라 선수들 같았으면 골프채를 집어던지고, 욕설을 하고, 난리가 났을 만한 상황이었는데도 최나연 선수는 의연했다. 그리고 마음을 추스르기도 전인 12번 홀에서 다시 세컨드 샷이 깊은 러프에 빠졌다. 보통 선수들 같았으면 억세고 긴 풀로 인해 샷을 포기하거나 욕설을 할 만한 상황이었지만, 최나연 선수는 조금도 흔들리지 않고 볼을 쳐냈다.

경기가 끝나고 시상식에서 커미셔너가 골프는 실력도 중요하지만 매너가 더 중요하다며, 미국 선수들은 반성하고 한국 선수들에게 많이 배워야 한다고 말했다. 그는 또 한국 선수들을 언급하면서 특히 최나연 선수는 어떠한 상황에서도 얼굴을 찌푸리거나, 욕설을 하거나, 골프채를 집어던지는 등의 매너 없는 행동을 하지 않는 훌륭한 선수라고 칭찬했다.

때맞춰 TV는 크리스티 커의 퍼터를 집어던지는 행동, 폴라 크리머의 욕설을 하는 모습, 미셸 위의 골프채를 집어던지는 행동 등을 보여주면서 이와 비교해 10번 홀 해저드에 볼이 빠졌을 때 최나연 선수가 담담하고 의연한 표정을 짓던 모습을 클로즈업했다.

그리고 자막으로 매너 점수를 매겼는데, 거기에는 미국 선수는 평균 55점, 한국 선수는 평균 95점, 최나연 선수 100점이라고 쓰여 있었다.

한국 골퍼들의 훌륭한 매너가 전 세계인의 마음을 사로잡은 무척 기분 좋은 날이었다.

남녀 골퍼의 차이

카트를 세울 때
남: 대주세요.
여: 세워주세요.

그린을 공격할 때
남: 홀을 향해 공격한다.
여: 깃대를 향해 공격한다.

퍼팅을 할 때
남: 제발 좀 들어가라!
여: 제발 좀 떨어져주라!

짬짬이 즐기는 황당 퀴즈

해는 남자일까? 여자일까?

여자(해오라비가 있으니까)

재미있는 골프 룰

로스트 볼이 발생했을 때
(규칙 제27조)

　골퍼가 친 공이 재수가 없어 숲속으로 들어가면 최대 5분까지 찾을 수 있다.

　만약 5분 이내에 찾지 못하면 원래 친 곳으로 되돌아가서 1벌타를 받은 후 새 공을 세 번째 타(원래 친 공 1타+벌타 1타+새 공 1타)로 계산해서 쳐야 한다.

　공을 치고 나서 로스트 볼로 의심이 되면 동반자의 사전 허락을 받은 후 잠정구를 칠 수 있다.

로스트 볼을 찾다가 의도적이지 않더라도 공을 움직이게 되면 1벌타를 받은 후 공을 원위치 시켜야 한다. 하지만 낙엽 등의 장애물 속에 있거나 땅이 정상적인 상태가 아닌 경우에는 무벌타로 원위치 시킬 수 있다.(제18조)
　한국에서는 진행을 빨리 하기 위해 오비티를 별도로 만들어 놓은 곳이 많다. 이곳에서 칠 때는 네 번째 타로 계산하고 치면 된다.

한 손 골퍼와 플레이를 하다

　미국 골프장들은 대부분 평평한 벌판 위에 있기 때문에 오비가 거의 없다. 심하게 잘못 쳐서 옆의 홀 페어웨이 쪽으로 가더라도 거기에서 다시 이쪽으로 치면 된다. 가끔씩 미국 PGA나 LPGA 중계방송을 보면 옆의 홀 페어웨이에서 반대쪽으로 볼을 치는 선수들을 볼 수도 있다.
　그런데 참피온스 골프장은 그렇지가 않다. 마치 한국의 골프장처럼 페어웨이 양쪽은 울창하게 우거진 나무숲과 개울이어서 조금만 샷이 빗나가도 오비 또는 해저드에 빠지도록 설계가 되어 있다. 우리 한국 사람들에게는 굉장히 친숙한 설계이지만 미국 사람들은 아주 기피하는 설계다.
　어느 날 내가 K씨와 같이 참피온스에서 플레이를 하고 있는데, 뒤에서 혼자 플레이를 하면서 굉장히 빨리 따라오는 사람이 있었다. 물론 우리에게 피해를 주지 않기 위해 최대한 조심을 하고는 있었지만 우리가 그린을 비워줄 때까지 세컨드 샷을 하기 위해 페어웨이에 서있는 모습이 계속 눈에 띄었다.

그런 경우에 일반적으로는 먼저 가라고 양보를 해주었는데, 오늘따라 앞에 매 홀마다 사람들로 꽉 차 있어서 양보를 해주어도 별 효과가 없을 것 같았다.

세 번째 홀을 마무리 짓고 네 번째 홀에서 티샷을 준비하면서 뒤를 돌아다보니, 뒤쪽 사람이 세컨드 샷을 온 그린 시킨 후 원 퍼팅으로 홀을 마무리 짓는 모습이 보였는데, 그는 같이 치고 싶을 정도로 실력이 있는 사람 같았다.

그래서 나는 티샷을 한 후 그 사람이 오기를 기다렸다.

그는 우리에게 피해를 주지 않으려는 듯 티박스 한참 못 미쳐서 카트를 세우더니 우리가 가기를 기다리고 있었다.

결국 손짓을 해서 그를 불렀고, 가까이에서 보았더니 그는 전형적인 중년의 미국인이었다.

"It is delayed very much, If you want, you can join us. would you?(게임이 대단히 지체되고 있는데, 당신이 원한다면 함께 치는 것도 좋을 것 같은데, 어떤가?)"

앞 팀 사람이 같이 치자는데 마다할 사람이 있을까? 더군다나 동양의 미인(?)이 같이 치자는데 말이다.

그런데 함께 치기로 한 그 사람이 황당하게도 내가 치고 내려 온 레이디 티박스로 올라가는 것이 아닌가.

'아니, 멀쩡하게 생긴 사람이 레이디 티박스에서 치나?'

그는 레이디 티박스에 티를 꽂고 공을 올려놓은 후에 한 손으로 드라이버를 잡고 휘휘 스윙 연습을 했다.

나는 '뭐, 한 손으로 골프 클럽을 휘두르면서 긴장을 푸는 사람도 많이 있으니까.' 하면서 가만히 그를 쳐다보고 있었는데, 순간 티업(Tee up)시켜 놓은 공이 굴러 떨어졌다.

보통의 경우에는 왼손으로 클럽을 쥐고 오른손으로 공을 집어서 다시 올려놓는데, 이 사람은 드라이버를 왼쪽 겨드랑이에 끼더니 오른손으로 공을 집어서 다시 올려놓았다. 그리고는 그대로 오른 손만으로 티샷을 하는 것이 아닌가?

그의 손을 자세히 살펴본 나는 그제서야 그의 왼손이 의수라는 것을 알 수 있었다.

그는 한손으로 치면서도 가볍게 투 온을 시킨 후 퍼터를 뽑아 들었다. 다만 퍼팅은 의수를 오른 손에 가볍게 갔다 대어서 마치 양손으로 퍼팅을 하는 것처럼 보였다.

아! 그때 나는 그동안 골프가 잘 안 된다고 짜증을 부렸던 과거의 일들이 주마등처럼 스쳐지나가면서 얼굴이 화끈거렸다. 저렇게 한 손으로 골프를 치는 사람도 있는데, 양손으로 치면서 안 맞는다고 짜증을 부리다니.

　골프를 함께 치다보면 "이상하네, 오늘 왜 이렇게 안 되지?" 하면서 짜증을 내는 사람들을 많이 볼 수 있다.

　부구인지지 막약아지자지(夫求因之知 莫若我之自知, 원인을 알고자 하는 데는 스스로 자기 자신을 돌아보는 것만 한 것이 없다)라고 했던가. 간밤에 술을 많이 마셨든, 연습장 가본 지가 오래 되었든, 잘 안 되는 이유야 본인이 가장 잘 알지 않겠는가. 팔이 하나 없는 것도 아니지 않은가.

　골퍼들이여! 골프가 안 된다고 짜증내지 말고, 연습이 부족했음을 반성하시라.

　세상에는 한 손으로 골프를 치면서도 싱글의 실력을 갖춘 사람들이 있더랍니다.

교통수단별 골프 은어

택시 : 택도 없다 씨×놈아. (짧게 쳐놓고 온 그린 됐냐고 물어볼 때)
버스 : 버리고 가 스×놈아. (공 찾는다고 지나치게 시간 보낼 때)

성질도 급하셔

자기 골프 실력이 프로골프 선수에 비해 손색이 없다고 자부하던 사나이가 세계적인 명문 코스인 오거스타 내셔널 클럽에서 라운딩할 기회를 갖게 되었다. 5번 홀은 410미터의 파 4였지만 장타를 자랑하는 그의 드라이버샷은 어김없이 280미터를 날아가 그린까지 불과 130미터를 남겨두고 있었다.

"타이거 우즈가 어제 여기서 라운딩을 했었는데, 그 공도 정확하게 여기 떨어졌었죠."

사나이의 긴 드라이버샷에 감탄한 캐디가 말했다.

"그래요? 그럼 어제 타이거 우즈는 몇 번을 잡았죠?" 사나이가 우쭐대면서 물었다.

"피칭 웨지를 잡았었는데…." 캐디의 말이 끝나기도 전에 사나이는 피칭 웨지를 달라고 했다.

"아무래도 그건 좀…."

"나를 무시하는 겁니까? 그냥 주세요."

피칭 웨지를 받아든 사나이는 힘껏 풀 스윙을 했다.

하지만 공은 그린 15미터 앞에 입을 벌리고 있던 벙커로 들어가고 말았다. 낙심한 사나이가 캐디에게 얼굴을 돌렸다.

"젠장, 타이거 우즈는 어떻게 되었나요?"

"타이거 우즈도 똑같이 벙커에 빠뜨렸죠. 그래서 그 말씀을 드리려고 했는데, 그만…."

재미있는 골프 룰

티에서 공이 떨어졌을 때
(규칙 제11조)

 티가 견고하게 꽂히지 않았다든지 어드레스나 왜글(샷 전에 클럽 헤드를 앞뒤로 흔드는 동작)을 하다가 잘못해서 공을 건드려 공이 떨어졌을 경우에는 무벌타로 공을 다시 올려놓은 후에 치면 된다.
 이 때 그것도 한 타야 하면서 동반자가 비아냥거리면 'KBS'라고 얘기해 주면 된다.
 하지만 스윙을 했는데 공이 맞지 않았을 경우에는 어떻게 될까? 이때는 한 타로 계산해야 한다.
 만약 스윙을 하다가 바람에 공이 떨어졌다면 다시 티에 올려놓아서는 안 되고, 떨어져 있는 그대로 두 번째 타를 쳐야 한다. 그것은 이미 티오프가 된 상황이기 때문에 공에 손을 대서는 안 되기 때문이다.(오소플레이, 2벌타)

S에게 골프 접대를 하다

　남편의 대학 동기인 L씨는 회사를 그만둔 후 캐나다로 이민을 가서 현재는 토론토 시에 살고 있다.
　그런데 남편이 오하이오 주립대 교환교수로 왔다고 하니까 대뜸 놀러오겠다고 했다.
　사실 대부분의 미국 주들이 그렇지만, 오하이오 주는 그다지 볼만한 게 없기 때문에 누가 온다고 하면 걱정이 앞서는 곳으로, 우리는 생각 끝에 골프를 함께 치기로 했다.
　골프를 즐기는 사람들은 좋은 골프장을 찾아 만 리도 멀다 않고 가기 때문에 캐나다에서 와도 섭섭지 않도록 골프 접대를 하기로 했다.
　그동안 가본 곳 중에서 한국인의 취향에 맞고, 고급스런 이미지를 풍기는 참피온스 골프장과 뉴알바니링크스 골프장을 가기로 한 후 남편과 상의를 하니 뉴알바니링크스 골프장은 별문제가 없지만, 참피온스는 겨울에 가보고 안 갔으니 사전에 한번 답사를 해 볼 필요가 있다는 의견을 내놓았다.

그래서 남편과 참피온스 골프장에 사전 조사차 라운딩을 가보니 페어웨이 잔디가 융단을 깔아 놓은 듯 푹신하고, 나무숲에 가려져 그린 잔디가 별로였던 몇몇 홀에서도 잔디가 잘 자라나 흠잡을 데가 없었다.

미국이나 캐나다는 독립기념일 등 특별한 날을 제외하고는 국경일을 거의 몇 째 주 무슨 요일 식으로 정하기 때문에 연휴가 많다. 마침 5월 21일이 캐나다 국경일인 빅토리아 데이로 연휴였기 때문에 L씨 부부가 토요일 날 일을 마치고 저녁에 출발해서 일요일인 5월 20일 새벽에 도착한다는 연락을 받았다.

그런데 그들은 오다가 타이어에 펑크가 나서 아침 7시가 되어서야 도착했다. 반가운 마음도 잠시, 우선 잠을 재우는 것이 급했다. 간단히 요기를 시킨 후 잠을 자라고 방으로 밀어 넣었는데, 어정쩡한 시간에 낯선 잠자리에서 뒤척이는 그들을 11시 30분에 깨운 후 함께 식사를 하고 뉴알바니 골프장으로 향했다.

L씨는 한국에서 골프를 좀 쳤기 때문에 걱정이 없었지만, 부인인 S는 한국에 있을 때는 골프채가 어떻게 생겼는지 관심도 없다가 캐나다로 이민을 와서 최근에 골프를 시작했다고 했다.

준비운동으로 몸을 풀고, 남편이 홀을 간단히 설명해 준 뒤에 1번 홀 티박스에서 먼저 티샷을 했다.

다음으로 L씨가 티샷을 했는데, 밤에 잠을 제대로 못 자서 그랬는지 오른쪽 숲속으로 그대로 오비를 냈다.

L씨가 두 번째 볼로 다시 티샷을 하고 난 후, 레이디 티박스에서 S가 티샷을 했는데, 2년 정도 쳤다는 사람이 드라이버로 공을 맞추지 못하는 것이었다. 처음에는 연습 스윙을 하는가 했는데, 그게 아니라 세 번 네 번 치려고 드라이버를 휘둘러도 공이 맞지 않았다. 골프 사자성어로 완전 설상가상이었다.

미국 사람들은 대부분 연습을 하지 않고 바로 골프장으로 나오기 때문에 동서남북 없이 치는 사람들이 많지만, 한국 사람이 그렇게 치는 것은 처음 보았다.

그래서 나는 S에게 천천히 요령을 알려주었다.

첫째, 백스윙을 많이 하지 말고 요만큼만 해라. 둘째, 공이 어디까지 나갔는지는 내가 봐 줄 테니까, 앞은 쳐다보지 말고 공만 쳐다보고 때린 후, 때린 후에도 공이 있던 자리를 계속 쳐다보고 절대로 고개를 들지 말아라 하면서 단단히 주의를 주었다.

다시 S에게 공을 치도록 했다.

가르쳐준 요령 덕분인지 드라이버가 공에 맞기는 했지만 굴러서 티박스 바로 앞의 비교적 긴 러프에 빠지고 말았다.

일단 내가 티샷을 하고 난 후 S에게 러프에 빠진 공을 집어오도록 하고는 카트를 타고 페어웨이로 갔다. 공을 놓고 이번에는 아이언으로

치되 같은 요령으로 치도록 했다. 그랬더니 S는 아이언 중에서 가장 긴 5번을 뽑아들었다.

"S야, 5번은 잘 맞을 때 쓰고, 우선 7번만 가지고 치자!"고 달래면서 백에서 7번을 빼주었다. 다소 기분이 상했겠지만 어쩌랴. 짧은 채도 안 맞는데 긴 채로 어쩔 것인가.

7번으로 치니 한 50야드 정도 굴러갔다.

공까지 카트를 타고 갔다.

S는 카트에서 내리더니 공을 그린에 올리겠다고 다시 5번 아이언을 뽑아들었다.

"아직은 안 돼. S야!"라고 하면서 다시 7번 아이언을 쥐어 주었다. 이번에도 50야드 정도 나갔다. 그래도 다행인 것은 공이 좌우로 가지 않고 비교적 똑바로 날아간다는 사실이었다.

결국 파 4인 353야드짜리 1번 홀에서 S는 여섯 번 만에 공을 그린에 올렸다. 그리고 투 퍼트만에 오케이를 받았으니 9타 만에 홀 아웃을 한 셈이었다.

한국 같았으면 당장 카트에서 백을 내려야 한다고 캐디 언니가 난리를 쳤겠지만 여기는 미국 아닌가. 같은 방식으로 희희낙락하면서 18홀을 다 돌았다. 치다가 뒷팀이 오면 먼저 가라고 하면서….

우리는 파 4홀을 여섯 번에 올리든 일곱 번에 올리든 개의치 않고 굿 샷을 연발하면서 골프를 쳤다.

스코어카드를 적는 남편도 적절히 언플레이어블 선언을 하면서 눈치 있게 트리플 보기가 넘지 않도록 카드를 작성해주었다. 어떻게 끝났는지 모르게 18홀이 끝나자 남편은 기념으로 간직하라면서 스코어카드를 S의 손에 쥐어 주었다.

믿거나 말거나

서서 하는 놀이 중에 제일 재밌는 것은 골프
앉아서 하는 것 중에 제일 재밌는 것은 마작
누워서 하는 것 중에 제일 재밌는 것은 섹스

음주 후 공이 두 개로 보일 때

술을 더 먹어서 공이 세 개로 보이도록 하고, 가운데 공을 치면 된다.

재미있는 골프 룰

언플레이어블 볼 선언
(규칙 제28조)

아마추어들은 공이 덤불 속이나 조금 치기 힘든 곳으로 들어가면 "벌타 하나 먹으면 되지 뭐" 하면서 공을 꺼내놓고 플레이를 하는 경우가 많다.

하지만 웬만하면 원래의 공이 놓여 있는 자리에서 쳐내야 한다. 언플레이어블을 선언했다고 해서 그대로 끄집어내면 안 되고, 1벌타 후 공이 있는 자리에서 깃대에 가깝지 않은 두 클럽 이내의 지점에 드롭을 하든지, 깃대와 공이 있는 곳을 연결한 가상선의 후방선상에 드롭해야 한다.

만약 이때 드롭한 공이 굴러서 멈춘 지점이 또 다시 플레이를 할 수 없는 곳이라면 어떻게 될까?

당신은 정말 지독하게도 운이 없는 사람이다. 이때 당신은 이를 악물고 그대로 플레이를 하든지, 아니면 추가로 1벌타를 부과 받은 후 언플레이어블을 다시 선언할 수 있다.

가장 쉽고 안전한 방법은 1벌타 후, 직전에 공을 친 곳으로 되돌아가 새로 드롭 또는 티 업해서 치는 것이다.

하지만 공 세척기 등 움직일 수 없는 인공장애물의 경우에는 벌타없이 1클럽 이내에서 드롭하고 치면 된다.

S와 힐링
골프를 즐기다

　저녁식사 후 집으로 돌아왔는데, 전날 잠을 못 자서 피곤할 텐데도 오래간만에 만나서 그런지, 아니면 이민생활의 어려움을 호소할 데가 없어 참아왔던 설움이 폭발해서 그런지는 모르겠지만 새벽 두시가 넘도록 L씨는 잠잘 생각을 않고, 남편을 붙잡고 이야기꽃을 피웠다.

　S는 방에서 자니까 그래도 좀 나은데, 거실에서 자던 나는 그들의 이야기 소리에 몇 번이나 잠에서 깼는지 모른다. 이럴 줄 알았으면 S하고 같이 방에서 자는 건데 하는 후회를 했다. 다음날 아침에 물어보니 세시 반에야 겨우 잠자리에 들었단다.

　아침 9시에 참피온스에 도착하자마자, L씨가 우거진 숲을 보더니, "야! 이거 완전히 한국식 골프장이네." 하면서 탄성을 질렀다.

　원래 참피온스는 유태인들이 공사를 해서 50년 동안 자신들의 전용 골프장으로 세금 없이 이용하다가 컬럼버스 시로 기부 체납한 것이기 때문에 프라이빗 중에서도 고급 프라이빗으로 운영되던 골프장이다.

어제의 강한(?) 훈련 탓인지 오늘은 S의 스윙이 제법 잘 맞았는데, 드라이버의 경우에 공이 맞을 때 쨍하는 소리가 제법 크게 들렸다. 거리도 백 이삼십 미터씩은 나가는 것 같았다. 아이언은 오늘도 7번만 사용하도록 했는데, 어느 때는 팔구십 미터 정도씩 나가는 게 어제와는 확연히 달랐다.

웃고 즐기면서 전반 나인 홀을 돌고 나니 스코어 카드에 58타를 친 것으로 기록됐다. 남편이 어제와 달리 오늘은 비교적 정확하게 기록했는데, 파 35인 전반에 스물세 개를 오버한 것으로 장족의 발전이었다.

참피온스 골프장의 10번 홀은 레이디가 176야드인 비교적 긴 파 3 홀인데, 내리막이 심하고 중간에 커다란 개울이 있다.

개울을 따라 해저드 말뚝이 박혀 있었고, 빨간색 말뚝이 나란히 박혀 있다가 노란색 말뚝과 함께 박혀 있는 것을 본 S가 물었다.

"이건 무슨 표시야?"

"글쎄, 페인트가 모자랐나?"

"에이, 설마?"

"사실은 그게 아니고 페어웨이를 가로지른 개울이 여기서 꺾여서 페어와 같은 방향으로 흘러가지 않니?"

"아! 그렇구나."

"그래서 빨간 말뚝은 페어웨이에 있는 해저드 표시이고, 노란 말뚝은 페어웨이와 나란히 있는 병행해저드라는 표시야."

"근데, 빠지면 벌타는 같은데 왜 구별을 하지?"

"구제 방법이 틀려."

"……."

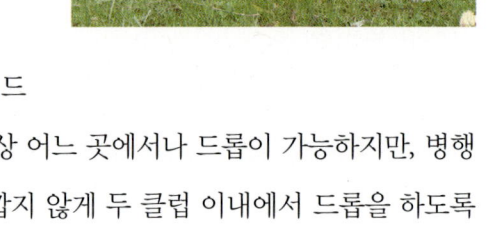

"페어웨이에 있는 해저드에 빠지면 공이 날아간 선상 어느 곳에서나 드롭이 가능하지만, 병행해저드에 빠지면 홀에 가깝지 않게 두 클럽 이내에서 드롭을 하도록 되어 있어."

"무슨 말인지 모르겠는데?"

"다시 말해서 페어웨이 해저드에 빠지면 후방의 페어웨이에 공을 드롭할 수도 있지만, 병행해저드에 빠지면 거의 대부분 러프에 드롭하지 않으면 안 된다는 말이야."

"더 모르겠어."

"자, 봐! 여기서 빠지면 이 선상에서 아무데나 드롭하면 되고, 저기서 빠지면 뒤로 갈 수 없으니까 옆에다 해야 되겠지? 그러니까 두 클럽 해봐야 러프를 벗어나기가 힘들어."

"아하! 알겠다."

"일단 두 번 드롭을 했는데도 계속해서 공이 해저드 내로 굴러 떨어지면 그대로 손으로 드롭한 지점에 플레이스하도록 되어 있기 때문에 프로선수들 가운데는 좋은 곳에 플레이스하기 위해 고의로 굴러 떨어지게 드롭을 하는 경우도 있어. 물론 눈에 띄지 않을 정도로."

"……."

"그리고 반드시 드롭을 해야만 하는 건 아니고, 칠 수 있으면 해저드 내에서 쳐도 돼."

"그렇구나."

"옛날 유에스 오픈에서 박세리 선수가 친 공이 해저드 안으로 들어가서 박세리 선수가 신발을 벗고 들어가서 공을 쳐내는 걸 봤어?"

"응. 그때 박세리 선수의 하얀 발이 정말 인상적이었는데."

"지금도 생생해."

"하하하."

"호호호."

15번 홀은 좌측으로 휘는 도그레그 파 5 홀인데, 포대 그린 바로 밑에 큰 개울이 떡하니 입을 벌리고 있다.

남자들도 써드 샷을 하다가 종종 공을 물에 빠뜨리는데, S가 친 공이 공교롭게도 굴러가다가 다리 위에서 멈춰 섰다.

남편이 "그대로 쳐야 되지만 오늘은 드롭을 합시다."라고 하면서 다리 뒤에 드롭을 하도록 했다.

드롭한 공으로 온 그린을 시킨 후 S가 말했다.

"나, 오늘 미시시피강을 건너서 온 그린을 시켰다."

"하하하."

"호호호."

"이제 골프가 뭔지 조금 알 것 같네. 그동안은 남편이 가자고 하면 왜 비가 안 오나 하고 비오기만 바랐는데…."

S가 골프채를 들고 의기양양해져서 콧노래를 부르며 말했다.

"S야! 너 오늘 무척 예뻐 보인다."

나는 엄지손가락을 치켜들고 S의 골프 입문을 축하했다.

한국 같으면 생각지도 못할 라운딩이었지만 친한 사람들과의 골프는 언제나 즐겁다는 것을 다시 한 번 느끼며, 나는 유쾌한 샷을 날렸다.

골프 사자성어

금상첨화: 폼도 좋고 스코어도 좋다.
유명무실: 폼은 좋은데 스코어가 별로다.
천만다행: 폼은 나빠도 스코어는 좋다.
설상가상: 폼도 나쁘고 스코어도 나쁘다.

재미있는 골프룰

워터해저드 다리 위에 공이 있을 때
(규칙 제24조)

  흔한 경우는 아니지만 개울(워터해저드) 위에 놓인 다리 위로 공이 올라가는 경우도 있다. 이때는 어떻게 해야 할까?
  워터해저드와 관련된 다리나 콘크리트 제방 등 움직일 수 없는 장애물 위에 공이 올라갈 경우에는 일반적인 방식으로 드롭해서는 안 되며, 있는 그대로 쳐야 한다. 물론 이때는 클럽을 바닥에 댈 수도 있다.
  하지만 도저히 칠 수 없다고 생각되면 1벌타 후 규칙 26조에 정해진 구역 내에서 드롭할 수 있다.

미국 여자들과 겨루다

오랜만에 참피온스에서 라운딩을 하기 위해 카트를 탔더니, 바로 이틀 후인 토요일과 일요일에 36홀짜리 여자 골프시합이 있다는 내용의 광고지가 카트에 붙어 있었다.

핸디캡을 12로 쓰고 참가신청을 하면서 명단을 슬쩍 보았더니 맨 앞이 핸디캡 4.3, 그 다음이 5.2 등으로 되어 있었다. 핸디캡은 첫날 조 편성을 하는 데만 필요하고, 이튿날은 첫날의 경기 결과에 따라 조 편성과 티오프 시간이 결정된다고 했다. '제법 시합다운 시합이구나.'라는 생각에 나는 조금 흥분됐다.

토요일, 6시 반쯤 참피온스로 가서 선수등록을 하고 연습장으로 갔더니 아주 어려보이는 여자애가 연습을 하고 있었다. 몇 살이냐고 물어봤더니 18살이라고 했다. 그렇게 팔팔한 아이들과 경쟁을 해야 한다고 생각하니 약간 위축이 되었다. 모두들 프로선수 저리 가라는 폼으로 스윙을 하는데 비거리가 장난이 아니었다.

잠시 후 주최 측에서 이름을 부르며 출발 준비를 하라고 했다.

핸디캡 순서에 의해 내가 가장 마지막으로 티샷을 했는데, 운이 좋았는지 내 공이 가장 멀리 나갔다. 굿 샷이라는 찬사와 함께 걸어 나가 깃대까지의 나머지 거리를 재보니 115미터 정도였다.

8번 아이언을 빼들고 가볍게 샷을 했는데, 약간 생크가 나면서 그린 앞 오른쪽에 있는 벙커에 빠져버렸다. 살짝 기분이 상했지만 애써 태연한 척하면서 벙커 탈출을 시도했다. 하지만 가까스로 빠져 나오는 데만 성공했을 뿐 그린에 올리는 데는 실패했다.

다시 어프로치를 시도해서 1미터 정도에 붙였지만 원 퍼팅에 실패, 첫 홀을 더블보기로 장식했다.

첫 홀부터 머리에서 김이 나기 시작했다.

두 번째 홀은 135야드짜리 파 3홀로, 먼저 친 다른 사람들은 모두 실패를 했지만 나는 그린에 올릴 수 있었다. 그런데 2미터도 안 되는 거리에서 퍼팅에 실패하여 버디를 놓치는 바람에 완전히 꼭지가 돌았다.

이후 파보다 보기를 많이 해서 전반 나인 홀에서만 8오버를 쳤다.

파 3인 10번 홀로 넘어가면서 새로운 기분으로 후반을 시작하자고 다짐했는데, 어프로치 웨지로 한 티샷이 90도로 생크가 나서 티박스 옆으로 흐르는 개울(워터해저드)로 공이 들어가는 게 아닌가. 지금까지 그런 일이 한 번도 없었는데 전혀 상상도 할 수 없는 일이 벌어진 것이었다.

공이 들어간 지점으로 가서 드롭을 하고 써드 샷을 했다. 다행히 1퍼트를 해서 가까스로 보기를 기록할 수 있었다.

이후 파와 보기를 반복하면서 16번 홀까지 왔는데, 이번에는 드라이버 샷이 하늘높이 올라갔다가 20미터 앞에 떨어져서 쓰리 온을 해야 하는 상황이 되었다. 하지만 나는 써드 샷으로도 온 그린에 실패하고 그린 뒤에 있는 벙커에 공을 집어넣고 말았는데, 다행히도 벙커가 복구되지 않은 상태여서 로컬룰로 공을 꺼내놓고 치도록 되어 있었다. 내심 불행 중 다행이라고 생각하면서 공을 꺼내놓고 어프로치를 한 것이 뒤땅을 쳤고, 다섯 번째 샷으로 간신히 온 그린을 시킨 후 투 퍼트로 마무리해서 트리플을 기록했다.

결국 후반전 9오버, 합계 17오버로 87타를 쳤다(참피온스는 파 70이다).

그런데 본부석에 카드를 제출하면서 보았더니 다른 사람들도 실수를 많이 해서 62명 중 공동 8위였다. 그래도 잘한 편이라는 주변의 격려를 들었지만, 나 스스로는 창피해서 얼굴을 못들 지경이었다. 다음날은 끝에서 세 번째인 8시 21분을 티오프 시간으로 배정받았다.

괜히 참가해서 개망신만 당하는 것 아닌가 하는 생각에 제대로 잠도 못자고 뒤척이다가 다음날 2차전에 나섰다.

전날 성적순에 의해 내가 첫 번째로 티샷을 하고, 다른 두 사람도 순서대로 티샷을 했다.

하지만 공이 있는 곳으로 이동할 때 보니 나만 워킹이고 다른 두 사람은 각각 전동카트를 타는 것이 아닌가. 다른 팀엔 워킹하는 사람들이 많은데 공교롭게도 우리 팀엔 나만 워킹인데다 두 사람이 같은 카트를 타지 않고 따로따로 탔기 때문에 이동시간 면에서 부담이 많이 되었다.

결국 급하게 걸어서 그랬는지 첫 번째 홀에서 쓰리 온을 시켰고, 4미터 정도의 거리에서 포 퍼팅을 했다. 오케이 없이 경기를 진행했기 때문이라고는 해도 포 퍼팅을 하고 나니 첫 홀부터 완전히 꼭지가 돌았다.

다행히 남편이 1번 홀로 전동카트를 가지고 와서 얼른 백을 옮겨 실을 수 있었지만, 컨디션 난조로 전반 나인 홀에서만 7개를 오버했다. 우승 가능성은 어제 벌써 사라졌지만 이제는 입상도 불가능하다는 생각이 들었다.

다시 후반전에서만 쓰리 퍼팅과 포 퍼팅을 한 번씩 더 추가하면서 9개를 오버, 86타를 기록했다.

스코어카드를 제출한 후 식사를 하고 있는데, 뒤로 들어오는 팀의 학생들이 울고불고 야단이었다. 보니까 나만 못 친 게 아니고, 다들 첫 날보다 못 쳤는데 어린(스무 살 정도) 학생들이 더 기복이 심했다.

결국 이틀 합계 163타로 62명이 친 국제시합(미국인과 한국인 참가)에서 2등을 했다.

'아! 평소 실력의 절반만 발휘했어도 우승할 수 있었는데.' 하는 안타까움에 나는 아쉬움의 비명을 내질렀다.

여자들이 볼 때 얄미운 년

- 툭하고 치는데도 멀리 보내는 년
- 아구구구 비명 지르면서도 홀 속으로 쏙 집어넣는 년
- 매일 땡볕에서 놀아도 기미 하나 안 생긴다고 자랑하면서, 씻고 쌩얼로 집에 가는 년
- 허구헌 날 공치러 다니는데도 자식들이 공부를 잘해서 SKY대 다니는 년
- 안 된다고 구시렁거리면서도 절대로 90타를 넘기지 않는 년
- 그늘집마다 들어가 먹고 마시고, 라운딩 후 식사 땐 미친 듯이 먹는데도 똥배 하나 안 나오는 년
- 전화하면 늘 선약이 있다고 빼는 년

재미있는 골프 룰

병행해저드에서의 구제
(규칙 제26조)

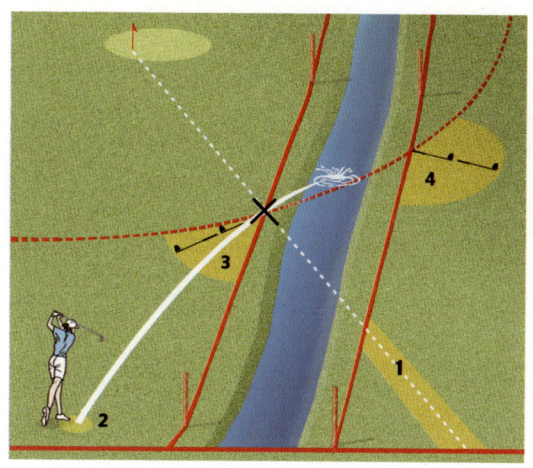

　병행 워터해저드(빨간 색 말뚝)에 빠졌을 때는 공을 친 지점(2번)이나 공이 빠진 지점과 깃대를 연결하는 가상 일직선의 후방 연장선상의 지점(1번), 혹은 공이 빠진 지점(3번)이나 건너편(4번)에서 두 클럽 이내로 깃대에 가깝지 않은 범위 내에서 1벌타 후 드롭하여 칠 수 있다.

황당한 신시내티
한인 골프대회

신시내티에서 한인골프대회가 있다고 해서 참가를 했다.

컬럼버스가 오하이오주의 중심부에 있기 때문에 최남단에 있는 신시내티는 한 시간 사십분 정도를 자동차로 이동을 해야 한다.

K씨의 권유로 참가하겠다고 말을 해버렸는데, 막상 당일이 되니 컬럼버스에서는 우리 부부와 민가(음식점)의 P사장님만 참가한다고 했다. 그것도 P사장님은 골프동호회 회장이기 때문에 품앗이로 참가하는 것이라고 했는데, 이쪽에서 많이 참가해야 나중에 그쪽에서도 많이 올텐데 라고 하면서 걱정을 했다.

우리는 P사장님 차로 이동을 했는데, P사장님은 해병대 출신답게 조금은 과격(?)하게 운전을 해서 경기 시작 시간보다 두 시간 정도 일찍 대회장소인 버켓릿지 골프장에 도착할 수 있었다.

버켓릿지는 플로리다, 인디애나, 켄터키는 물론 오하이오주에서만

도 100개 이상의 골프장을 설계한 프로골프선수 출신 잭 키드웰이 설계한 훌륭한 골프장이다.

그런데 어쩐 일인지 대회 시작 두 시간 전인데도 아무도 나와 있지 않았고, 현수막이나 포스터조차 붙어있지 않았다.

우리는 연습 공을 한 바구니 사가지고 물어물어 연습장을 찾아갔는데(대개 클럽 하우스 근처에 있는데, 버켓릿지는 조금 외진 곳에 있었다.), 코스는 훌륭했지만 연습장은 너무나도 실망스러웠다.

다른 연습장들은 잔디로 되어 있으면서 50야드, 100야드 등 공이 떨어지는 지점을 확인할 수 있도록 되어 있는데, 이곳은 한국처럼 산꼭대기의 고무매트 위에서 치도록 되어 있었다. 그나마 탄착지점도 확인할 수가 없었고, 몸을 푸는 것 외에는 별다른 의미가 없는 연습장이었다.

아무튼 연습 공을 다 치고 클럽하우스 쪽으로 가니, 그제서야 주최측에서 사람들이 나와 접수를 받고 있었다. 접수를 하고 난 후 한 시간쯤 기다리자, 신시내티 회장님이 나와서 심사는 엄정하게 캘러웨이 방식(초보자를 위하여 경기 후 3~6개 홀의 성적을 제외하고, 나머지 홀의 성적만으로 계산하는 방식)으로 하는데, 어떤 홀을 제외할지 아직 결정되지 않았다는 이야기를 했다.

이 대회 역시 샷건 방식으로 게임을 진행했는데, 운이 없어서 그랬는지 시작하는 홀이 핸디캡 1번인 홀이었다.

나는 좁은 페어웨이를 지키지 못하고 첫 티샷이 오비가 되는 바람에 한참동안 공을 찾다가 다시 티박스로 돌아가 제3구를 쳤다. 그런데 3구마저 페어웨이에 안착되지 못하고 깊은 러프에 빠졌다.

결국 가까스로 4타에 그린 엣지로 올리고 난 후 퍼팅을 했는데 너무 짧았다. 다시 5타를 쳤더니 이번에는 너무 길었다. 그리고 6타마저 홀인에 실패해서 결국 트리플을 했다.

첫 삽을 잘 떠야 공사가 착착 진행되는데, 첫 삽을 잘못 떴으니 이후 계속 제정신이 아닌 상태로 플레이를 해서 18홀을 가까스로 94타에 마무리 지을 수 있었다.

아무리 처음 와본 코스에서 플레이를 했다고 하더라도 이건 아니다 싶은 스코어였다.

카드를 정리한 후 제출하면서 보니 함께 플레이를 했던 남자분이 앉아서 스코어 계산을 하고 있었다. 분명히 시작 전에 회장이라고 하는 사람이 말할 때는 무슨 프로가 계산을 한다고 했는데, 함께 플레이를 한 선수가 앉아서 계산을 하고 있는 것이 아닌가.

'저 사람이 프론가?'

뭔가 석연치 않다는 느낌이 들었다.

아니나 다를까, 나중에 성적발표를 하는데 자기가 그로스(핸디캡 제외 전 총 타수) 우승이라고 하면서 트로피를 가져가는 것이 아닌가. 물론 그로스야 특정한 홀을 제외하기 전의 총 타수이기 때문에 사(邪)

가 개입될 여지가 없다고는 하지만 그래도 찜찜했다.

대부분의 경우 투명하게 하기 위해 계산에서 제외하는 홀을 공개 추첨하는데, 이 대회에서는 공개 추첨 대신 함께 플레이를 한 선수가 임의로(?) 정하고 있었다. 부정의 소지가 다분했다.

게다가 시상식을 하는 장소도 넓은 팝(맥주집)이어서 시합에 참가했던 사람들과 술을 마시는 일반 손님들이 뒤엉켜 매우 혼잡스러웠다. 진행도 회장 혼자서 하고, 시상도 혼자서 하더니 경품 추첨에서 자기 번호가 나왔다고 상품까지 챙겨가서 참석한 사람들의 실소를 자아냈다.

자기가 뽑고, 자기가 받고, 무척 심하다는 생각이 들었는데, 물론 상을 타지 못했기 때문에 할 말은 없었지만 뭔가 석연치 않다는 생각을 할 수밖에 없는 찜찜한 대회였다.

나도 오비났다

초등학교 동창으로, 막역지우인 나이트클럽 사장과 빵집 사장, 그리고 쌀집 사장이 날을 잡아 '친목 도모'와 '지역경제 활성'이라는 사안을 걸고 내기골프를 쳤다.

하지만 그날따라 나이트클럽 사장은 오비를 내는가 하면 뒤땅을 치는 등 계속 돈 나가는 일만 저질렀다. 처음에는 "아멘, 주님의 뜻입니다." 하면서 점잖게 불평을 하던 나이트클럽 사장은 어이없는 실수가 계속되자, 성질이 났는지 씨×! 조8! ×같이 안 맞네! 등 상소리를 해대기 시작했다.

그러자 빵집 사장이 "여보게, 믿는 사람이 그런 소리를 해서야 되겠는가? 하나님이 보고 계시네." 하면서 점잖게 말렸다.

그 순간 나이트클럽 사장이 다시 생크를 냈다.

"씨×! 하나님은 무슨? 공이 잘 맞아야 하나님이지"하면서 나이트클럽 사장은 더 크게 툴툴거렸다.

잠시 후 마른하늘에서 우르릉 쾅 하는 소리가 나더니 벼락이 떨어졌다.

그런데 나이트클럽 사장이 아니고, 옆에 있던 빵집 사장이 벼락을 맞았다.

이를 이상하게 여긴 쌀집 사장이 하나님께 물었다.

"아니, 하나님! 욕을 한 건 나이트클럽 사장인데, 왜 빵집 사장에게 벼락을 내리시나요?"

그러자, 하나님의 멋쩍은 음성이 쌀집 사장의 귀에 들려 왔다.

"나도 오비 났다. 왜?"

그래서 모진 놈 옆에 있으면 벼락 맞는다는 옛말이 생겨났을까?

재미있는 골프 룰

오비가 났을 때
(규칙 제27조)

오비(Out of Bounds)는 공 전체가 오비구역으로 들어간 것을 말한다.

공이 오비 경계선 근처에 떨어진 것 같은데 쉽게 발견되지 않으면 최대 5분 동안 찾아볼 수 있다. 5분 이내에 찾지 못하면 분실구나 오비로 선언하고 먼저 쳤던 지점으로 돌아가서 1벌타 후 다시 샷을 해야 한다.

공을 찾았지만 오비인지 애매할 경우에는 어떻게 할까?

일단 백색으로 된 오비말뚝은 오비지역에 설치된 것이다. 따라서 오비 말뚝 페어웨이 쪽 면을 연결하는 가상선을 그어서 공이 물려 있으면 오비가 아니지만, 물려있지 않고 바깥쪽으로 있으면 오비이다.

　만약 오비로 판단되면 분실구와 같이 공을 쳤던 지점으로 되돌아가서 1벌타 후 새 공을 놓고 치는 수밖에 없다.

　티박스에서 드라이버로 쳤다면 티박스로 돌아가 티를 꽂고 쳐야 하며, 2구나 3구였다면 2구나 3구를 쳤던 지점으로 돌아가 1벌타 후 드롭을 하고 쳐야 한다(2구였다면 4타, 3구였다면 5타가 된다).

　만약 공을 친 직후에 오비인 것을 알았다거나, 오비가 의심스럽다면 잠정구를 치고 나갈 수 있다. 이 경우, 먼저 친 공을 찾지 못하면 잠정구로 경기를 계속할 수 있다. 잠정구를 친 것이 3타가 되고(먼저 친 공 1타+벌타 1타+잠정구 1타), 잠정구 세컨드 샷은 4타가 된다.

　이때 잠정구를 치겠다고 동반자들에게 선언하지 않고 임의로 잠정구를 드롭하고 치면 다시 1벌타가 부가되니 조심해야 한다.

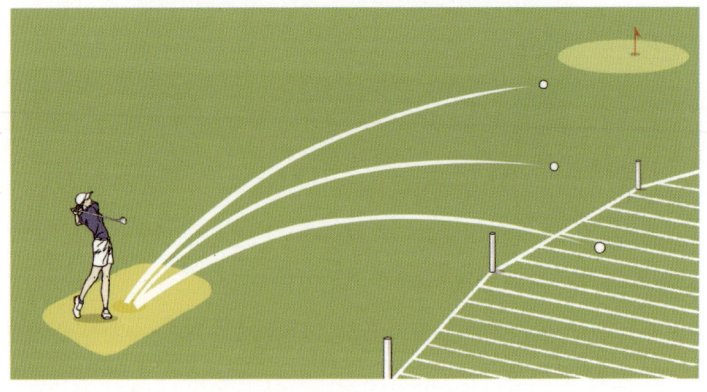

잠정구를 아주 잘 쳐서 원래의 공이 필요 없다면(숲속으로 들어가서 페어웨이로 나오는데, 잠정구보다도 오히려 타수가 많이 나올 것 같은 경우) 찾지 않으면 된다. 그런데 원수 같은 공이 찾지 않았는데도 5분 이내에 발견되었다면(얄밉게 꼭 찾아주는 사람이 있다) 할 수 없이 먼저 친 원래의 공으로 플레이를 해야 한다(이 경우 물론 언플레이어블을 선언하고 1벌타 후 두 클럽 이내에서 드롭할 수 있다).
　하지만 5분이 지나 일단 잠정구로 플레이를 재개하고 난 이후에는 먼저 쳤던 원래의 공을 발견한다고 하더라도 계속해서 잠정구로 플레이를 해야 한다.

이건 뭐
시골버스도 아니고

레이몬드 골프장은 오하이오 주립대학교 근처에 있기 때문에 학생들이 많이 오고 시민들도 즐겨 찾는 골프장이다. 더군다나 시에서 운영하기 때문에 값이 매우 싸서(18홀에 주중 17달러, 주말 26달러) 많은 사람들이 애용하고 있다.

그러다보니 한국 같으면 골프장을 출입할 정도의 실력이 안 되는 사람들도 오고, 골프 매너가 뭔지도 모르는 사람들도 온다.

교민인 L씨의 집이 레이몬드 바로 옆에 있었기 때문에 우리 부부는 가끔 레이몬드에서 그와 함께 라운딩을 했는데, 새벽에 아주 일찍 가기 전에는 매 홀마다 지체가 되어서 18홀을 도는데 6시간이 걸리기도 하고 7시간이 걸리기도 했다.

마침 날씨가 좋아서 라운딩을 할까 하고 생각하고 있었는데, L씨한테서 티타임을 잡아놓은 게 있으니 함께 운동을 하자는 전화가 왔다.

레이몬드라는 말에 약간은 찜찜했지만 새벽이라는 말에 흔쾌히 그러자고 약속을 했다.

하지만 새벽인데도 불구하고 밀리기 시작해서 티오프부터 20분씩 지연이 되었다. 게다가 바로 앞에서 전형적인 미국인들이 전형적인 미국인 골프(?)를 하면서 플레이 지연에 아주 크게 기여를 하고 있었다.

내가 말하는 전형적인 미국인이란 남녀를 불문하고 임산부처럼 배가 나온 뚱뚱한 사람들을 말하는데, 이런 사람들은 예외 없이 전동카트를 탄다. 또 전형적인 미국인 골프란 자기의 페어웨이에 구애받지 않고, 이쪽저쪽 홀의 페어웨이를 넘나들면서 전혀 미안한 기색 없이 뻔뻔하게 골프를 치는 것을 의미한다.

한국에서는 공이 다른 홀 페어웨이로 날아가면 얼른 주워가지고 나오는 것이 일반적이다. 그것도 쪽이 팔려서 자기가 직접 못가고 캐디를 시킨다.

그런데 많은 미국 사람들은 자기의 공이 남의 페어웨이에 들어가도 전혀 아랑곳하지 않고 그냥 남의 페어웨이에 있는 자기 공 옆에 굳세게 서 있는다. 그러면 그 홀에서 플레이하던 사람들이 오히려 인접 홀에서 온 사람에게 먼저 공을 치도록 양보를 한다.

우리 앞에서 플레이를 하는 사람들은 한술 더 떠서 파 5인 1번 홀부터 앞 팀이 세컨드 샷을 하거나 써드 샷을 해도 도무지 칠 생각을 하지 않고 티잉 그라운드 위에서 잡담만 했다.

이건 뭐 시골버스도 아니고

미국인들 중에는 이렇게 꼴값을 떠는 사람들이 많다. 정작 자신들이 친 공은 150야드 정도 밖에 나가지 않는데, 마치 400~500야드는 나가는 것처럼 행동한다.

이런 사람들은 절대 뒷팀에게 먼저 가라고 양보하는 법도 없다. 내 돈 내고 내가 골프치는데 누가 뭐라고 하느냐는 식의 똥배짱이다.

우리 앞 팀 사람들 역시 마냥 기다리다가 앞 팀이 그린에 올라간 것을 확인하고는 티샷을 했는데, 아뿔싸 100야드도 못 나가는 게 아닌가. 두 번째, 세 번째 모두 마찬가지더니 마지막 사람만 겨우 한 150야드 정도 나갔다. 그 때마다 갓 댐, 갓댐 하면서 쌍소리를 해대는 꼴이란….

더구나 힘들은 무척이나 좋아서 페어웨이에서 잔디 떡을 한 삽씩 퍼내면서 디봇을 만들었다. 공은 30야드 밖에 안 나갔지만 떡을 한 삽씩 퍼냈기 때문에 디봇이 아주 깊고 크게 만들어졌지만, 그 누구도 디봇을 복구하지 않았다.

대부분의 미국 사람들은 공이 디봇에 빠지면 자연스럽게 꺼내놓고 쳐서 그런지 자기가 만든 디봇 자국을 잘 보수하지 않는다. 그래도 나이가 있는 사람들의 경우에는 조금 덜하지만, 젊은 사람들은 심할 정도로 신경을 쓰지 않는데, 미국 교육의 실패가 골프장에서 바로 나타나는 것 같아 씁쓸했다.

그들은 앞 팀과 두 홀 이상 차이가 나는데도 뒷팀을 패스시켜주지도 않고, 계속 플레이만 지연시키고 있었다. 그렇게 울며 겨자 먹기 식으로 그들을 따라가다가 9번 홀 페어웨이에서 보니 카트 한 대는 10번 홀로 가고, 또 다른 한 대는 클럽하우스 쪽으로 갔다. 우리는 내심 '아하 두 명은 이제 그만 치고 가는 모양이로구나. 이제는 플레이가 좀 빨라지겠네.' 하고 생각했다.

하지만 웬걸, 9번 홀을 홀 아웃하고 우리가 10번 홀로 가자, 앞 팀 사람들은 앞쪽의 페어웨이와 홀이 텅텅 비어 있는데도 전혀 공을 칠 생각은 하지 않고, 티잉 그라운드에 서서 잡담만 하고 있었다.

뭐, 저런 사람들이 다 있나 하면서 적당히 떨어진 뒤에서 이제나 저제나 하면서 기다리고 있는데, 카트 소리도 요란하게 좀 전에 클럽하우스 쪽으로 갔던 사람들이 지나갔다. 클럽하우스에 가서 맥주를 사가지고 오는 것 같았다.

가만히 생각해보니 서서 잡담을 하고 있던 사람들은 우리가 칠까 봐 자리를 잡고 있었던 것이었다.

'이건 뭐 시골 완행버스도 아니고….'

기분이 상해서 L씨에게 그냥 가자고 했더니 여긴 원래 그렇다면서 계속 치자고 하길래 꾹 참고 플레이를 진행했지만, 내 눈에 미국의 앞날이 훤히 드러나 보여 참담한 심정을 감출 수 없었다.

초보와 숙달된 자의 차이

골퍼

90타대: 남을 못 가르쳐서 안달이 나 있다.
80타대: 물어봐야만 알려준다.
70타대: 사정해서 물어보면 마지못해 겨우 알려준다.
프로: 돈 안 주면 절대 안 가르쳐준다.

캐디

비기너: 친절은 한데 공 찾는데 헤맨다.
두 달 된 캐디: 클럽을 두 개, 세 개씩 갖다 준다.
6개월 된 캐디: 엉뚱한 공만 찾아준다.
1년 된 캐디: 먼 산 보다가도 공 잘 찾고 거리도 정확하다.
2년 된 캐디: 가끔 손님 휴대폰을 꺼내 쓴다.

골프녀

초보 골퍼: 허리가 좋아졌다며 입에 침이 마른다.
90타대: 주말이면 괜히 애들만 들볶는다.
80타대: 돈 잃고 들어온 날은 애매한 남편만 잡는다.
70타대: 남편과 따로 논다. 그러다 클럽하우스에서 간혹 마주치기도 한다.

재미있는 골프 룰

움직일 수 없는 장애물
(규칙 제24조)

오비말뚝, 벤치, 카트 도로, 건물 등은 모두 움직일 수 없는 장애물이다. 이 경우에는 클럽 한 개의 거리 이내에서 드롭하고 칠 수 있다.

물론 드롭할 지점이 덤불, 긴 풀, 혹은 경사지로 공을 놓고 치기가 불편할 경우에는 드롭하지 않고 공이 있는 그대로(카트 도로인 아스팔트 위 등) 칠 수도 있다.
　주의할 점은 해저드 말뚝(황색이나 적색)이나 거리표시 말뚝은 뽑아 놓고 칠 수 있지만, 오비말뚝(백색)은 뽑을 수 없다는 것이다.

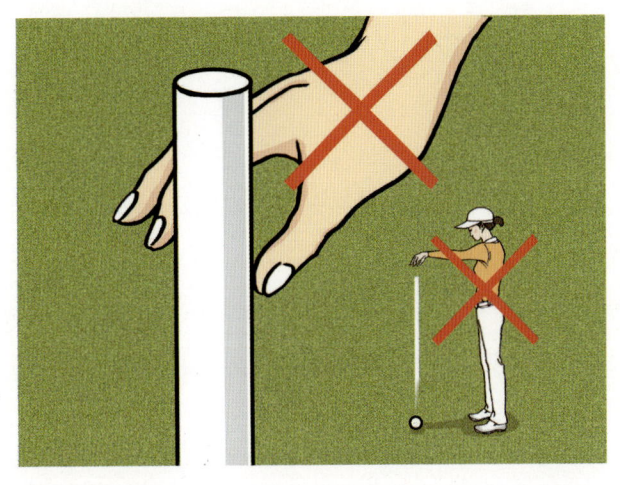

오비말뚝을 뽑으면 2벌타를 받는다.

사장님! 제발 짓밟지 마세요

L사장님은 부동산으로 성공한 교민이다.

나이가 있어 비거리가 길지는 않지만 오랜 구력으로 실수가 거의 없으며, 특히 어프로치와 퍼팅은 가히 신기(神技)에 가까울 정도다. 하지만 비거리가 길지 않기 때문에 드라이버를 치다가 가끔씩 페어웨이를 가로지르는 개울로 된 워터해저드에 공을 빠뜨리는 경우가 있다.

그런데 개울가에는 풀이 길게 자라 있기 때문에 해저드로 들어가면 꼭 물에 빠지지 않았더라도 치기 어려운 경우가 대부분이다.

대부분의 사람들은 이런 해저드 내에서 공을 찾았다고 하더라도 언플레이어블을 선언한 후 공을 집어 들고 나오는데, L사장님은 절대로 들고 나오지 않는다. 그는 주변의 길고 억센 풀을 발로 밟아 공이 완전히 드러나도록 한 후 그대로 공을 친다.

한국에서도 많은 골퍼들이 공이 깊은 러프에 빠졌을 경우에 손으로 주변의 풀을 누른다든지 발로 밟는 것을 볼 수가 있는데, 사실 이러한 행위들은 모두 라이 개선이기 때문에 2벌타를 받아야 한다.(규칙 제13조)

또 연습 스윙에 의한 것은 괜찮다는 듯이 클럽을 휘둘러 주변의 풀을 잘라내는 사람도 있는데, 이것은 스윙할 때 걸리는 나뭇가지를 꺾는 것과 마찬가지로 모두 2벌타가 부과되는 행위이다.

러프의 규정이 이와 같은데, 클럽을 바닥에 대어서도 안 되는 해저드 내에서 클럽을 휘둘러 긴 풀을 정리한다든지, 아니면 발로 풀을 짓밟는 행동은 더더욱 안 되는 것이다.

그런데 연로한 어른에게 시시콜콜 룰에 어긋납니다, 벌탑니다 하고 주의를 주는 것은 무례한 행동인 것 같아 끝까지 말씀을 드리지 못했다.

"L사장님! 공이 해저드에 빠지면 그냥 꺼내서 드롭하고 치세요. 긴 풀을 발로 짓밟는 건 룰 위반입니다."

섹시한 골프조크

미운 놈 시리즈

- 비거리가 줄었다고 투덜대면서 제일 멀리 보내는 놈
- 장타이면서도 숏게임에서 실수하지 않는 놈
- 공이 왔다 갔다 하는데도 파(Par)만 하는 놈
- 돈 한 푼 못 먹었다고 구시렁대다가 막판에 싹쓸이하는 놈
- 얼굴이 시커멓게 그을렸는데도 공친지 오래됐다고 하면서 80대 초반 치는 놈
- 매일 공치는데도 회사 잘 돌아가는 놈
- 새벽에 공치러 나오면서 마누라한테 아침밥 얻어먹고 나왔다고 자랑하는 놈

재미있는 골프 룰

워터해저드 탈출방법
(규칙 제8, 13, 25, 26조)

워터해저드 말뚝(적색 또는 황색)은 그 자체가 해저드이다. 따라서 말뚝의 페어웨이 쪽 측면을 연결하는 가상선에 공이 접촉하면 해저드 내에 있는 것으로 취급해야 한다.

공이 해저드 내에 있을 때는 놓인 공을 그대로 쳐내든지(제13조), 아니면 1벌타를 받고 룰에 정해진 구역 내에서 드롭할 수 있다.(제26조)

해저드 내에서는 벙커에서와 마찬가지로 클럽을 바닥에 대거나(제13조) 나뭇잎, 나뭇가지, 돌멩이 등의 자연적인 장애물을 치워도 안 된다.(2벌타) 공을 조준하기 위해 길게 자란 풀을 건드리는 것은 무벌타로 허용되지만, 연습 스윙 등으로 이를 잘라내는 행위는 금지된다.(제13조)

그렇다고 해저드 내에 있는 모든 장애물에 손을 댈 수 없다는 것은 아니다. 깡통이나 해저드 말뚝 등 인공장애물은 스윙에 장애가 될 경우 벌타 없이 치우거나 옮길 수 있다.(제23조)

해저드 내에 있는 동물들이 만든 흙무덤, 동물 발자국, 먹이를 찾은 흔적 등은 건드리지 않고 있는 그대로 쳐야 한다.(제25조, 2벌타)

참피온스 골프장의 경우에는 멧돼지가 먹이를 찾는다고 잔디밭을 파헤쳐 놓은 곳이 많이 있는데, 이곳에 공이 빠지면 멧돼지 욕을 하면서 그대로 치는 수밖에 없다.

생애 첫 이글을
기록하다

골프장에 가보면 주목이나 금송 등의 값비싼 나무 밑에 홀인원 기념, 이글 기념 등 돌로 새긴 비가 있는 것을 심심치 않게 발견할 수 있다.

일반적으로 기준이 되는 파(Par)보다 한 타를 적게 치면 버디(Birdie), 두 타를 적게 치면 이글(Eagle), 세 타를 적게 치면 알바트로스(Albatross)라고 한다. 전부 새의 이름이다. 버디는 참새, 이글은 독수리, 알바트로스는 신천옹(信天翁)이라고 하는 큰 새를 의미하는데, 우리나라에는 없기 때문에 아주 낯선 이름이다. 히말라야 산맥을 날아서 넘는 큰 새라고 하는 데, 미국인들도 구경한 적이 없는지 알바트로스라는 이름보다는 더블 이글이라는 호칭을 많이 쓴다.

주말 골퍼들은 18홀을 돌면서 버디를 한 두 개 정도 잡으면 아주 즐거워하는데, 그것은 그만큼 버디를 하기도 쉽지 않다는 의미이다.

사냥(?)을 나와서 4시간 이상을 헤맸다면 참새라도 한두 마리 잡아

가야 집에 가서 마누라와 자식들에게 할 말이 있을 것 아닌가? 하물며 이글이나 알바트로스는 더 말할 필요도 없다.

그렇기 때문에 이글을 하면 마누라와 자식들에게만 자랑을 하는 것이 아니라, 많은 돈을 들여 해당 홀에다 기념식수를 하고 비석을 세워 길이길이 전공(?)을 기념한다. 그리고 동반자들을 다시 한 번 초청해서 그린피부터 식사비까지 전부 이글을 한 사람이 부담하는 라운딩을 한 후 잔치(?)자리에서 멤버들이 마련한 축하기념패를 전달받는 관행도 있다.

그런데 내가 여러 골프장을 다녀보지 못해서 그런지는 모르겠지만, 이글 기념비는 몇 군데서 보았어도 알바트로스 기념비는 아직 본 기억이 없다. 하기야 일반적으로 500미터 정도 되는 거리의 파 5홀에서 두 번 만에 공을 홀에 넣기가 어디 그렇게 쉬운 일이겠는가.

그런데, 이 알바트로스보다 공을 한 번 더 쳐서 세 번 만에 홀에 넣는 것을 이글이라고 하는데, 이것도 결코 쉽지 않다. 산술적으로 드라이버를 300미터 정도 치고, 세컨 샷을 200미터 정도 쳐서 그린에 올린 뒤 원 퍼팅으로 홀에 넣어야 이글이 된다.

홀인원은 한번 쳐서 홀에 집어넣는 것을 의미하므로 주로 파 3홀에서만 가능하다. 홀인원은 일반적으로 150미터 정도의 거리에 있는 108밀리미터의 구멍에 공을 집어넣는 것이기 때문에 실력보다도 운이 많이 따라주어야 하지만, 이글은 드라이버, 아이언, 퍼팅이 삼박자를 갖춰야 하기 때문에 어느 면에서는 홀인원보다도 어려운 측면이 있다.

뉴알바니링크스 골프장의 4번 홀은 레이디 티박스에서 홀까지의 거리가 429야드 정도 되는 비교적 짧은 파 5이다. 하지만 드라이버 샷을 한 공이 떨어지는 지점에 큰 개울과 주변의 긴 풀들이 가로막고 있으며, 그린 앞에도 큰 입을 벌리고 있는 벙커들이 많아서 버디를 하기도 만만치 않게 설계되어 있다. 특히 그린 앞 대문이 우측에서 좌측으로 휘어져 있으면서 오른 쪽에는 아주 크고 깊은 벙커가, 왼쪽에는 이중 벙커가 앞뒤로 입을 벌리고 있어 많은 사람들이 쓰리 온을 시도하다가 번번이 공을 벙커에 빠뜨린 후 더블 보기를 기록하는 악명 높은 홀이기도 하다.

2012년 4월 20일, 바로 이 홀에서 드라이버 샷을 쳤더니 공이 개울을 건너 좌우로 있는 벙커 사이의 좁은 페어를 지나서 220미터 정도 지점까지 굴러갔다.

드라이버 샷이 떨어진 지점은 개울(워터해저드)을 건너 약간 오르막 경사인 곳으로, 런이 잘 생기지 않는 곳인데, 건조한 날씨로 인해 런이 많이 생겼는지 공이 평소보다 40미터 정도 더 나간 것이다.

내심 이글 욕심이 생겨 4번 우드를 꺼내 신중하게 쳤는데, 아뿔싸 그린 대문 좌측으로 날아가는 게 아닌가? 그린 좌측은 벙커가 2중으로 되어 있어서 앞 벙커를 넘어가도 십중팔구 뒤쪽 벙커에 빠지기 마련이어서 나는 공이 뒤쪽 벙커에 빠졌을 것으로 생각했다.

그런데 가서 보니 공은 뒤쪽 벙커를 지나 그린 왼쪽의 짧은 러프에 놓여 있었다.

홀까지의 거리는 약 10미터 정도였고, 공 주변에 잔 나뭇가지들이 많이 놓여 있었다. 나는 샷에 방해가 될 수 있는 나뭇가지들을 조심스럽게 치우고 연습 스윙을 몇 번 했다.

그리고는 식었던 이글의 꿈을 다시 되살리며 어프로치 웨지로 가볍게 칩 샷을 했더니 홀 2미터 쯤 전방에 떨어진 공이 떼굴떼굴 굴러가서 멈출 듯 멈출 듯하다가 깃대를 때리며 구멍으로 들어갔다.

동반자들이 이글인지도 모르고 나이스 칩이라고 큰 소리로 축하해 주었다.

내가 "이글이야!" 하면서 깡충깡충 뛰자, 그제야 "어? 그렇네." 하면서 다들 클럽을 놓고 박수를 쳐주었다.

신사가 벙커를 싫어하는 이유

- 구멍이 너무 크다.
- 물이 없다.
- 풀도 없다.
- 이놈 저놈 가리지 않고 다 받아들인다.
- 일을 보고 난 후 뒤처리를 자기가 해야 한다.

재미있는 **골프 룰**

일반적인 워터해저드에서의 구제
(규칙 제26조)

    일반적인 워터해저드는 노란색 말뚝으로 표시된다.
    이 경우 1벌타를 받고, 공을 친 지점이나 아니면 공이 들어간 지점과 깃대를 연결하는 가상선 상의 연장 일직선 뒷부분에 공을 드롭한 후 칠 수 있다. 물론 티샷한 공이 해저드에 들어갔을 경우에는 티박스에서 다시 티를 꽂은 후에 공을 칠 수도 있다.
    공을 드롭할 때에는 팔을 어깨 높이로 들어 쭉 뻗은 상태에서 자유낙하 상태로 공을 떨어뜨려야 한다. 팔을 내려뜨린다든지 구부린 채로 드롭을 하면 추가로 1벌타를 더 받는다.(제20조)

만약 위에서 정한 구역이 아닌 곳에서 드롭을 하고 플레이를 진행하면 2벌타를 부과 받거나 경우에 따라 실격이 될 수도 있다.(제20조)

드롭을 했는데 공이 ❶ 굴러서 다시 해저드 내로 들어가거나, ❷ 해저드 내에서 드롭했는데 해저드 밖으로 나가거나, ❸ 그린 위로 올라가거나, ❹ 오비지역으로 들어가거나, ❺ 다시 도로 위로 올라가거나, ❻ 두 클럽 거리를 벗어나거나, ❼ 깃대 쪽으로 가깝게 가거나, ❽ 사람이나 장비에 맞았을 경우에는 무벌타로 다시 드롭할 수 있다. 두 번째 드롭 후에는 ❽번을 제외하고 공이 떨어진 자리에 플레이스 할 수 있다. ❽번의 경우에는 사람이나 장비를 이동시키고 다시 드롭한다.(제20조, 21조)

한국에서는 진행을 빨리 하기 위해 해저드 건너편에 드롭지역을 설정해 놓고 세 번째나 네 번째 타로 공을 치도록 로컬룰을 정해 놓은 곳도 많이 있다. 물론 이런 경우에는 로컬룰이 우선이다.

이글도 해보니까 잘 되네

나는 생애 첫 이글을 기록했지만, 퍼팅으로 들어가지 않은 버디를 개버디라고 하듯, 그린 밖에서 어프로치로 들어간 이글을 했기 때문에 멤버들이 '개이글'이라고 하면서 인정을 해주려고 하지 않았다.

전에도 말했듯이 이글은 기준 타수보다 두 타를 적게 친 것이기 때문에 파 5 홀에서는 세 타 만에, 파 4 홀에서는 두 타 만에 홀에 집어넣어야 한다.

홀인원도 파 3홀에서 두 타 적게 친 것이기 때문에 따지고 보면 일종의 이글이다. 다만 파 5홀이나 파 4홀의 경우에는 실력이 뒷받침되지 않으면 이글을 하기가 힘들지만, 파 3홀에서는 실력보다 운이 더 크게 작용하기 때문에 골프를 어느 정도 치는 사람도 운이 없으면 하기가 힘들다.

뉴알바니링크스 골프장의 5번 홀은 파 4인데, 레이디 티박스에서

275야드밖에 안 된다. 그렇기 때문에 대문 왼쪽은 전후로 2중 벙커가, 오른쪽은 넓은 워터해저드가 입을 벌리고 있도록 설계를 해서 생각보다는 점수가 잘 안 나오는 홀이기도 하다.

4번 홀에서 이글을 한 지 한 달 쯤 되는 5월 16일에 나는 다시 뉴알바니링크스를 찾았다. 남자들이 5번 홀 화이트에서 티샷을 하고 난 후 내가 레드 티박스로 올라갔다. 파 4홀의 경우에는 앞 팀이 세컨드 샷을 하고 이동하기 시작하면 전 홀에서 가장 성적이 좋은 오너(Honour)가 티샷을 준비하기 때문에 내가 티박스에 올라갔을 때는 앞 팀인 미국사람들이 이미 그린에 올라가서 퍼팅을 하고 있었다.

전에 종종 그린 오른 쪽에 있는 워터해저드에 공을 집어넣은 적은 있었지만 그린에 올린 적은 없었기 때문에 큰 걱정 없이 티샷을 했는데, 그 공이 좁은 대문 페어웨이에 떨어지더니 그대로 굴러서 퍼팅을 하고 있는 사람들 사이를 통과한 후 그린 끝에 멈추는 것이 아닌가?

순간 원 온을 시켰다는 기쁨보다는 앞 팀에 대한 미안함이 앞섰다. 급히 카트를 타고 가서 모자를 벗고 아임 소 쏘리(I'm so sorry) 하면서 미안하다는 뜻을 표했더니, 그레이트 샷, 원더풀 샷 하면서 엄지를 치켜세운다. 티박스에서 친 공이 올라갔으니 자기들도 뭐라고 욕을 할 수는 없었을 테지만 일단 부러움 반 칭찬 반의 찬사를 들으니 기분은 좋았다.

그런데 그린이 길어서 그린 뒤에 있는 공에서 그린 앞에 있는 홀까지 발걸음으로 재보니 서른다섯 걸음이었다. 족히 25미터가 넘는 거리였다. 그것도 오른쪽이 높은 사선 내리막 경사였다.

공을 보내고자 하는 길을 따라 공 자국을 보수하면서 나뭇잎, 벙커샷 모래 등 이물질들을 모두 정성껏 치웠다.

그리고는 심호흡을 한번 한 후 공 뒤에 조심스럽게 퍼터를 갖다 댔다. 양발을 평소대로 벌리고 홀을 한번 쳐다본 후 퍼터를 뒤로 뺐다가 공에 그어진 선의 방향대로 가볍게 밀었다.

공을 구멍에 넣겠다는 생각까지는 하지 않았고, 구멍 근처에 갖다 놓아서 투 퍼팅으로 버디만 하면 다행이라고 생각하면서 밀었는데, 우측으로 예쁘게 원호를 그리며 굴러간 공이 멈출 듯 멈출 듯 하더니 그대로 구멍 속으로 빨려 들어갔다.

어프로치에 의한 이글이 아니고, 퍼팅에 의한 멋진 이글이었다. 그것도 파 4 홀에서.

보고 있던 K씨가 소리쳤다.

"뷰리풀!"

그리고는 내게 물었다.

"뷰리풀과 뷰티풀의 차이를 알아요?"

"뷰리풀은 미국사람들 발음이고, 뷰티풀은 한국 사람들 발음이지."

"노, 뷰리풀에는 가운데 티가 없잖아요."

"그래서 누나처럼 티없이 아름다운 사람한테는 뷰리풀이라고 하고, 보통 아름다운 사람한테는 뷰티풀이라고 하지요."

"피이, 어디서 캐디한테 써먹던 저질 유머를 지금 나한테 써먹는 거야?"

아무튼 나는 두 번째 이글을 기록함으로써 자타가 공인하는 골프 잘 치는(?) 여자가 되었다.

어떤 남자가 좋니?

아가씨들이 골프를 치면서 얘기를 나누고 있었다.
"나는 드라이버 잘 치는 남자가 좋더라."
"왜?"
"힘이 좋잖아."
그러자 다른 여자가 말했다.
"나는 어프로치 잘하는 남자가 더 좋더라."
"그건 또 왜?"
"테크닉이 좋잖아."
그러자 세 번째 여자가 말했다.
"뭐니 뭐니 해도 퍼팅이야, 어차피 구멍에 넣어야 되잖아."
네 번째 여자는 아무 말도 안했다.
"너는?"
"나는 오비 잘 내는 남자가 젤 좋던데."
"왜?"
"한 번 더 해주잖아."

 짬짬이 즐기는 **황당 퀴즈**

삼성은 있고, 현대는 없다. 강남은 있는데, 강북은 없다. 오리는 있지만, 백조는 없는 것은?

전철역

재미있는 골프 룰

퍼팅라인 보수
(규칙 제16조)

　퍼팅라인을 밟거나 두드려서 볼이 굴러가는 길을 좋게 하는 것은 2벌타이다. 하지만 퍼팅 선상에 있는 볼 자국이나 이전의 홀을 막은 뚜껑은 보수할 수 있다.
　하지만 스파이크 자국에는 손을 댈 수 없으며, 안타깝지만 있는 그대로 두고 퍼팅을 해야 한다. 보수는 일단 홀 아웃을 한 후에만 가능하다.
　만약 당신이 홀 아웃을 하거나 홀까지의 거리를 측정하면서 스파이크 자국을 만들었다면 뒷사람을 위해서 반드시 보수해주고 가야 한다. 아니면 당신은 공자님(공칠 자격이 없는 님)이 된다.

골프에서 가장 중요한 것은 무엇일까?

골프에서는 거리와 방향이 가장 중요하다. 요즘은 거리를 보다 중시해서 초보자를 지도할 때 방향보다도 거리에 중점을 두고 가르치는 경향이 있다.

그렇다면, 초보자 딱지를 뗀 사람에게는 무엇이 가장 중요할까? 일반적으로 골퍼들이 신경을 써야 하는 것은 서는 방향과 어드레스, 그리고 그립이다. 이 세 가지는 처음에 아무리 완벽하게 습득을 했다고 하더라도 시간이 지나면서 자신도 모르게 조금씩 변하게 된다. 그래서 타이거 우즈 같은 세계적인 프로골프 선수들도 전담 코치로부터 자신의 어드레스나 그립 등을 수시로 점검받는다.

가끔 남편으로부터 서는 방향과 어드레스, 그립 중 어느 것이 가장 중요하냐는 질문을 받곤 하는데, 그때의 나를 살펴보면 어김없이 서는 방향이 비뚤어져 있다.

하지만 나는 오기로 어드레스가 가장 중요하다고 맞선다. 사실 어느 것 하나 중요하지 않은 것이 없다.

그런데 가만히 생각해보면 어드레스나 그립은 잘못 되어도 크게 낭패를 보지는 않는다. 뒤땅을 쳐서 거리가 좀 짧아지거나 아니면 슬라이스나 훅이 약간 발생해서 한 타 더 치면 될 뿐이다. 하지만 방향이 잘못되면 워터 해저드나 깊은 숲속에 공이 빠지게 되어 큰 손해를 보는 경우가 많다.

때문에 서는 방향이 가장 중요하다고 말하는 것이다. 하지만 남편이 나의 서는 방향을 지적하면 자존심부터 상해서 일부러 어드레스가 더 중요하다고 우기게 된다.

이처럼 중요한 서는 방향을 잡는 방법은 사람마다 다를 수 있다.

나의 경우는 공의 뒤에서 깃대를 바라보고 만든 가상선상에서 공의 1~5미터 전방에 있는 지형지물을 이용한다. 디봇 자국이나 잔디가 노랗게 마른 것이 있다거나 잡초가 있으면 이것들을 이용해서 공과 나란히 가상선을 긋고, 양발의 끝을 이 선과 평행이 되도록 놓는데, 새벽에는 햇빛에 비치는 물방울을 이용하기도 한다.

물론 이렇게 할 경우 어드레스를 하고 깃대를 바라보면 언제나 깃대보다 약간 왼쪽을 조준하고 있는 것처럼 보이기 쉬운데, 나 또한 처음에는 그렇게 선 후에 공을 오른쪽으로 많이 보냈다.

그것은 우리의 신체 구조가 어느 정도 자율적으로 반응하기 때문인데, 깃대보다 왼쪽으로 섰다고 생각하는 순간, 몸 안의 모든 감각기관들은 오른쪽으로 쳐야 한다는 신호를 보낸다.

아마추어들을 보면, 전방에 해저드가 있을 경우 심하다 싶을 정도로 해저드를 피해서 서는 경우가 많다. 해저드가 오른쪽에 있으면 왼쪽으로, 왼쪽에 있으면 오른쪽으로 서게 되는데, 그 순간 신체의 모든 세포들은 지금 과도하게 왼쪽으로 섰기 때문에 그대로 치면 해저드 반대 숲속으로 날아가서 안 된다는 반응을 보이게 된다. 아니나 다를까 샷을 하면 과도하게 슬라이스가 나서 오른 쪽에 있는 워터해저드 용왕님께 새로 산 공을 진상하게 된다.

몇 번 이와 같은 일이 반복되면 이번에는 죽어도 오른쪽으로 치지 않겠다고 마음속으로 몇 번이고 다짐을 하면서 세포들이 자율적으로 행동하는 것을 단단히 통제하게 되는데, 그러면 이번에는 선 방향 그대로 공이 날아가 왼쪽 나무 숲속 깊숙이 들어가 버린다.

'씨×, 맨날 슬라이스가 나서 왼쪽으로 섰더니 이번에는 숲속으로 들어가 버리네. 채를 분질러버리고 골프를 끊어?'

그런데 어쩔 것인가! 그것이 골프고 인생인 것을.

그래서 처음에 방향을 잡고 섰을 때는 깃대를 보지 말라는 조언을 하고 싶다.

그냥 앞에 잡아 놓은 지형지물과 공을 연결하는 가상선에 클럽의 면을 수직으로 맞추고, 그 선의 후방으로 똑바로 클럽을 빼면서 백스윙을 했다가 그대로 지형지물과 공으로 만든 가상선을 따라 클럽을 지형지물 쪽으로 보낸다고 생각하면서 스윙을 하게 되면 공은 똑바로 깃대를 향해 날아가게 된다.

결국 세 가지 중에서 가장 중요한 것은 방향인 것이다.

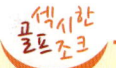

팬티를 입으셔야겠군요

한 숙녀가 그녀의 친구들과 골프를 치고 있었는데, 모기 한 마리가 그녀의 주위를 맴돌다 기어이 그녀를 물고 말았다.

그녀는 골프라운딩을 모두 마치고 골프장 매니저에게 모기에 대해 항의했다.

매니저: 그래요? 어디죠?(신체의 어느 부분을 물렸냐는 뜻으로)

숙녀: (어디서 물렸냐는 뜻으로 이해하고) 1번 홀과 2번 홀 중간쯤이요.

매니저: (물린 곳으로 이해하고) 그럼 팬티를 입으셔야겠군요.

재미있는 **골프 룰**

거리와 방향을 다른 사람에게 물어 볼 수 있나?
(규칙 제8조)

　골프를 조금 안다고 하는 사람들은 경기 중에 캐디 이외에는 다른 사람에게 골프에 대한 것을 물어보거나 상의하면 안 되는 것으로 알고 있다.
　하지만 깃대까지의 거리나 깃대의 위치, 해저드의 위치, 오비경계선, 기타 규칙이나 바람 등 일반적인 사항에 관해서는 동반자에게 물어볼 수 있다.
　단지 몇 번 클럽으로 쳤니? 몇 번 클럽을 잡으면 좋을까? 등의 질문이나 어떻게 할 것인가를 상의하는 것만 금지되어 있을 뿐이다.
(2벌타)

나이아가라 폭포에서 골프를 치다

나이아가라는 브라질의 이과수, 아프리카의 빅토리아 폭포와 함께 세계 3대 폭포 중 하나로 손꼽힌다.

우리나라 사람들은 나이아가라 폭포를 다녀오면 젊어진다고 하는데(나이야, 가라!), 원래 나이아가라는 '천둥소리가 나는 물'이라는 뜻을 지닌 원주민(인디안) 말이라고 한다.

나이아가라 폭포는 미국과 캐나다의 국경을 이루고 있는 5대 호 중에서 이리 호와 온타리오 호를 연결해주는 나이아가라 강에 있다. 나이아가라 폭포는 미국 폭포와 호스슈(Horse shoe, 말발굽) 폭포 두 개로 이루어져 있으며, 호스슈 폭포 가운데로 미국과 캐나다의 국경선이 지나간다.

원래 미국 폭포와 호스슈 폭포는 분리되지 않은 하나의 폭포였고, 불과 11미터짜리 작은 폭포에서 시작해서 수만 년의 세월을 거치면서 침식되어 18세기 중엽에 말발굽 모양을 형성하게 되었으며, 19세기에 접어들면서 미국 폭포가 조금씩 그 모습을 드러내게 되었다고 한다.

조사에 의하면 17세기부터 20세기 초에 걸쳐 침식에 의해 폭포가 뒤로 물러나는 시간이 더욱 빨라졌으며, 같은 속도로 침식이 이루어진다면 약 150년 후에는 폭포가 완전히 사라질 위기에 처했었다고 한다.

하지만 현재는 발전소를 건설해서 폭포로 떨어지는 강물의 양을 조절하기 때문에 폭포가 뒤로 물러나는 거리를 10년에 약 30센티미터 정도로 줄였다고 한다.

아주 오랜 옛날, 폭포 주변에 살고 있던 이로쿼이(Iroquois) 부족들은 천둥소리가 나는 물을 두려워해서 해마다 폭포의 신에게 심지 뽑기에서 뽑힌 마을 처녀를 카누에 태워 제물로 바쳐왔다고 한다. 그러던 어느 해에 추장의 딸이 심지를 뽑게 되었는데, 추장 독수리 눈(Eagle Eye)은 엄마도 없이 자란 외동딸 렐라 왈라(Lela Wala)를 차마 혼자 보낼 수가 없었다고 한다. 공포에 질려 떠내려가는 딸을 지켜보던 추장은 결국 자신의 카누를 타고 노를 저어 따라가서 떨고 있던 딸의 손을 꼭 잡고 함께 떨어졌다고 한다. 그 후 독수리 눈은 폭포의 지배신이 되었고, 제물이 되었던 딸 렐라 왈라는 폭포가 만들어 내는 '물안개 속의 숙녀'(Maid of the Mist)가 되었다는 전설따라 삼천리가 있다.

이러한 전설을 배경으로 미국과 캐나다 쪽에서 '물안개 속의 숙녀 호'에 많은 관광객을 태우고 폭포 바로 밑까지 항해를 하면서 폭포의 물과 폭포 물에 의한 바람을 관광객들이 직접 체험할 수 있도록 해주고 있다.

'물안개 속의 숙녀 호'가 애련한 인디언 추장의 딸을 회상하게 해 준다면, 현대적 익사이팅을 느끼게 해주는 것은 바로 월풀 제트보트 (Whirlpool Jet Boat)이다.

나이아가라 폭포의 물이 하류로 내려오다가 소용돌이를 이루며 90도로 꺾여 흘러나가는 곳의 이름이 월풀인데, 제너럴 일렉트릭사가 여기에서 아이디어를 얻어 월풀 세탁기를 만들었다고 할 만큼 이곳의 소용돌이는 거세다.

시속 60마일로 달리던 보트가 이 월풀 위에서 해밀턴 턴(Hamilton Turn)을 해서 혼을 빼는가 하면, 월풀 하류의 거센 물살 속에서 래프팅을 해서 승객들에게 물세례를 선사한다.

그런데 더욱 놀라운 사실 하나는 바로 캐나다 쪽의 나이아가라 폭포 주변에서 폭포소리를 들으며 골프를 즐길 수 있다는 사실이다. 주변의 무성한 나무 때문에 폭포를 직접 볼 수는 없지만, 길 하나를 사이에 두고 나이아가라 강이 흐르고 있기 때문에 나무 위로 피어나는 물안개와 폭포수의 천둥소리를 귀로 감상하면서 치는 골프는 가히 천상의 놀이에 비유할 수 있다.

폭포에서 가까운 골프장으로는 월풀 골프장(Whirlpool Golf Course)과 어셔스 크릭(Ussher's Creek)이 있는데, 어셔스보다 월풀이 폭포에서 가깝고 그린피도 싸다.

얼리 버드(Early Birds)였던 우리는 아침 일찍 골프장에 도착해서 50달러씩 100달러(세금 포함 115달러)를 지불한 후에 전동카트를 타고 골프를 시작했다(걸어서 치면 카트비 15달러씩을 빼준다).

유원지에 있는 골프장이라 크게 기대를 하지 않았는데, 예상 외로 시설이 훌륭했다.

골드(블랙)가 7,019야드, 블루가 6,701, 화이트가 6,292, 레드가 5,702, 옐로우가 5,203야드로, 웬만한 골프장보다도 오히려 길었다.

잔디 상태도 생각보다 좋았고, 특히 파 3인 3번 홀은 분수와 어우러진 꽃밭이 그대로 한 장의 그림엽서였다. 동반자는 189야드에서 버디를 하고, 나는 136야드에서 파를 했다. 순간 머리에서 슬슬 김이 나기 시작했다.

하지만 다시 파 3인 6번 홀에서 174야드를 원 온 시킨 동반자는 쓰리퍼트로 보기를 하고, 163야드에서 그린 주변 벙커에 공을 집어넣었던 나는 벙커샷을 깃대에 붙여 파를 하면서 툴툴 거리는 동반자에게 그게 골프고 인생이라며 약을 올렸다.

그렇게 웃으면서 전반을 마치고 났더니 동반자는 43, 나는 40을 기록하고 있었고, 우리는 잠시 뒤에 다시 후반전을 시작했다. 가끔씩 버디를 하기도 하고, 파와 보기를 반복하다가 마지막 파 5인 18번 홀에서 동반자가 퍼팅 연습을 하면서 공을 건드렸다. 동반자는 1벌타를 추가해서 더블 보기, 나는 파를 기록했고, 결국 동반자는 87타, 나는 80

타를 기록하면서 경기를 마쳤다.

    카트를 타고 돌았기 때문에 별로 땀이 난 것도 아니었지만, 우리는 바로 월풀 제트보트를 타러갔다. 목이 쉬도록 비명을 지르면서 나이아가라 강물에 온 몸을 적신 후 수건으로 몸을 닦고 옷을 갈아입은 후에 다시 월풀 골프장의 클럽하우스 식당에서 늦은 점심을 먹었는데, 유원지 식당답지 않게 착한 가격이었다. 가장 비싼 닭가슴살 스테이크와 스파게티, 샌드위치 빵으로 구성된 요리를 골랐는데, 14달러 정도였다.

    월풀 골프장의 식당에서 골프장 18번 홀을 내려다보면서 폭포소리를 배경으로 먹는 점심은 그야말로 황홀 그 자체였다.

애인? 마누라?

- 골프장에서 별 말이 없으면 마누라, 다정하게 소곤거리면 애인
- 각자 자기 채를 빼어들면 마누라, 다음 번에 칠 채를 빼주면 애인
- 뒤땅을 쳤을 때 머리가 나쁘다고 하면 마누라, 잔디가 나쁘다고 하면 애인
- 벙커에 빠졌을 때 넓은 데 놔두고 왜 그리로 쳤냐고 하면 마누라, 이놈의 골프장은 벙커가 너무 많다고 욕을 하면 애인
- 그늘집에서 냉수를 따라주면 마누라, 생과일 주스가 몸에 좋다고 사주면 애인
- 못 친 샷만 얘기하면서 지적하면 마누라, 잘 친 샷만 얘기해주면 애인
- 오비가 났을 때 오비티에 나가서 치라고 하면 마누라, 큰소리로 멀리건을 외치면 애인
- 1미터짜리도 끝까지 쳐야 한다고 우기면 마누라, 2미터짜리도 오케이를 주면 애인
- 경치가 좋다고 말할 때 골프도 못 치면서 경치가 보이냐고 퉁박을 주면 마누라, 골프장의 꽃보다 더 아름답다고 말하면 애인
- 라운딩 후 골프는 힘만 든다고 말하면 마누라, 골프는 늘 아쉽다고 말하면 애인

그린 위에서 볼을 건드렸을 때
(규칙 제18, 20조)

그린 위에서 어드레스를 했는데 볼이 움직이면 볼을 건드리지 않았어도 1벌타를 부과받는다.(제18조)

그런데 마크를 하다가 볼을 건드리면 어떻게 될까?

아마추어들의 경우 벌타다 아니다 하고 싸우는 경우가 많이 있는데, SBS다. KBS나 MBC도 적절히 사용할 수 있다.

마크를 하다가 볼을 건드렸을 경우에 의도적인 것이 아니면 무벌타이다.(제18조, 20조)

또 이글이야?

캐나다 토론토를 다녀와서 오랜만에 참피온스 골프장을 갔더니 9월 3일에 2인 1조 베스트 볼 경기를 한다는 팜플렛이 놓여 있었다. 베스트 볼 경기는 두 사람이든 네 사람이든 공을 쳐서 가장 좋은 위치에 있는 공을 선택한 후 다른 사람들도 그 자리에 공을 옮겨 놓고 치는 방식을 말한다.

베스트 볼 경기는 세컨드 샷, 써드 샷을 가장 좋은 자리에서 하고, 또 퍼팅을 가장 좋은 자리에서 하기 때문에 성적이 좋게 나올 수밖에 없는 아주 재미있는 경기방식으로, K씨와 상의했더니 함께 참가해보자고 했다. 물론 경기는 해봐야 알겠지만, 내가 레이디 티박스에서 치기 때문에 드라이버 샷 면에서 다소 유리할 것 같다는 판단이 섰다.

그래서 실제로 베스트 볼 방식에 의한 연습을 해보기로 했다.

파 4인 1번 홀은 내 볼을 선택해서 투 온을 한 후 투 퍼트로 간단히 파를 했다. 그런데 파 3인 2번 홀에서 둘 다 그린 온을 시킨 후 거리가 약간 짧은(그래도 7미터는 되었다) K씨의 공을 선택해서 퍼팅을 했는데, K씨는 약간 짧았고, 나는 조금 길었다. 거리는 K씨나 나나 비슷(60센티미터 정도)했지만 내 공이 오르막 퍼팅이었기 때문에 내 공을 선택해서 내가 먼저 두 번째 퍼팅을 했지만 실패했다. K씨가 자기에게 맡기라고 하면서 내 자리에 공을 놓고 신중하게 퍼팅을 했는데, 이게 웬일, K씨도 실패를 했다. 결국 둘 다 온을 시키고도 파를 하지 못했다.

3번 홀은 파 4인데 좌측으로 휘는 도그레그 홀이다. 정확하게 페어웨이를 지키지 못하면 양쪽의 나무들 때문에 좀처럼 파를 하기 힘든 홀에서 K씨가 먼저 티샷을 해서 페어웨이에 잘 안착시켰다. 이어서 내가 드라이버 샷을 날렸는데, 170미터를 날아가 좌측으로 휘는 도그레그의 우측 페어웨이에 잘 떨어졌다. 내 공이 K씨의 공보다 40미터 정도 앞에 있었고, 그린까지의 시야도 좋았으므로 내 공을 선택해서 플레이를 하기로 했다.

거리측정기로 재보니 깃대까지는 정확히 87미터, 깃대 끝만 보이는 오르막 경사였다. 그린 앞 오른 쪽으로 그린의 2/3 정도를 가로막는 커다란 벙커(나중에 보니 새벽에 비가 와서 물이 반쯤 고여 있었다)가 있고, 그린 왼쪽으로 또 다른 벙커가 있으며, 그린은 우측에서 좌측으로 급하게, 후방에서 전방으로 약하게 흐르고 있었고, 깃대는 우측의 앞쪽, 즉 오른쪽에 있는 벙커의 바로 뒤에 꽂혀 있었는데, 벙커에서 깃대까지 그린 위의 여유 공간이 별로 없는 고약한 위치였다.

내 공이었기 때문에 내가 먼저 샷을 했는데, 정확하게 깃대 쪽으로 날아갔다. 농담 삼아 "들어 간 것 같은데" 했다. 이어서 K씨가 내 공이 있던 자리에 공을 놓고 샷을 했다. K씨의 공도 정확하게 포물선을 그리며 깃대 쪽으로 날아갔다. "조금 긴 것 같은데" 내 말에 K씨는 "오르막이라 피칭 웨지를 조금 내려 잡았는데"라며 아쉬워했다.

숨을 헐떡이며 카트를 끌고 그린으로 갔더니, K씨의 공만 깃대에서 5~6미터 후방에 놓여 있는 게 보이고, 내 공은 보이질 않았다. 약간의 기대감을 가지고 설레는 마음으로 홀 속을 들여다보니 내 공이 얌전히 들어가 있었다.

"얏호! 이글이다. 내가 이글일 줄 알았어." 라고 했더니, K 씨가 "시합 날 나와야 하는데, 벌써 나오면 어떻게 해요?" 하면서도 즐거운 표정으로 축하해 주었다.

그날 베스트 볼 경기 연습에서 전반 -3, 후반 +2로 토탈 -1을 쳤다.

시합 날도 이 정도 스코어만 나와 주면 좋겠다는 생각이 들었는데, 보통 사람들은 한 번도 하기 힘든 이글을 세 번씩이나 했으니, 나는 무척 운이 좋은 사람인 것 같다는 생각에 절로 어깨가 들썩거렸다.

하지만 안타깝게도 베스트 볼 경기는 참가 신청자가 3팀 밖에 되지 않아 경기가 취소되었다.

짬짬이 즐기는 황당 퀴즈

1. 10도짜리 맥주와 45도짜리 양주를 섞으면 몇 도일까?
2. 할아버지가 좋아하는 돈은 '할머니'다. 그럼 할아버지가 좋아하는 폭포는?

> 1.졸도 2.나이아가라(나이야, 가라!)

심조불산

골프를 치는데 어떤 사람이 정치, 경제, 사회 등 모든 면에서 아는 체를 했다. 이에 배알이 꼴린 동반자가 때마침 걸려 있던 현수막을 보고, "심조불산에 호보연자라."하면서 한시를 읊었다.

이에 캐디도 "장시인용에 장서방 소인용이옵니다."하고 화답했다.

잘난 체 하던 사람은 속으로 저게 무슨 소린가 하고, 18홀을 도는 내내 생각을 했지만, 도무지 알 수가 없었다. 그는 캐디도 아는 말을 자신이 모른다는 것에 대해 무척 자존심이 상했지만 꾹 참고 플레이를 했다.

하지만 도저히 궁금증을 참을 수가 없어 내키지는 않았지만 식사가 끝난 후에 동반자에게 조용히 물었다.

"아까 그 심조불산 어쩌고 한 말이 도대체 무슨 말이야?"

"그렇게나 잘난 사람이 그것도 몰라?"

"……."

"산불조심, 자연보호 현수막을 한번 거꾸로 읽어봤지."

"그럼 캐디가 한 말은?"

"그 밑에 있던 용인시장, 용인소방서장이야."

"이런, 씨×."

말 되네

- 이 세상에서 오리지널보다 좋은 짝퉁 두 가지 : 가라스윙과 애인
- 절 입구에 있는 스님들의 용품을 파는 가게 간판 : 중장비일체
- 스님도 좌파가 있네 : 중도좌파

재미있는 골프 룰

벙커에 물이 고여 있을 때
(규칙 제25조)

벙커에 물이 고여 있을 때는 두 가지 구제방법이 있다.

하나는 벙커 내에서 물이 없는 부분에 공을 드롭하는 방법이고(이 때는 물의 가장자리 경계에서 1클럽 이내), 다른 하나는 깃대와 공을 연결하는 가상선상에서 벙커가 아닌 후방 지역에 드롭하는 것이다.

물론 벙커 내에서의 드롭은 무벌타이고, 벙커 밖에서의 드롭은 1벌타이다.

벙커 전체가 물에 잠겨 있거나 벙커 내에서 드롭할 공간이 없는 경우에는 1벌타 후 깃대와 공을 연결하는 가상선상의 벙커가 아닌 후방 지역에 드롭하는 수밖에 없다.

과연 매니저는
능력자인가?

뉴알바니링크스 골프장은 프라이빗에서 퍼블릭으로 전환한 아주 좋은 골프장이다. 벤트그라스인지 뭔지 잔디 이름은 모르겠지만 아무튼 양탄자처럼 푹신한 페어웨이에다가 지형을 잘 이용한 설계로 도전의욕과 성취감을 느낄 수 있는 곳이다. 때문에 초보자보다는 어느 정도 수준에 오른 골퍼들이 주로 찾는다.

이곳의 매니저는 챠드 부치라는 사람으로 마음씨 좋은 아저씨다. 마음씨가 좋다는 것은 우리가 맥주를 마실 때 가끔씩 공짜 맥주를 피처로 하나씩 갖다 주기도 하고, 안주로 시키는 과자 값을 받지 않기도 한다는 의미이다. 그래서 그런지 식당에는 언제나 손님들로 북적댔고, 주말에는 결혼식 등으로 나름대로 매상도 많이 올리는 것 같았다.

그런데 이 사람이 골프선수였다고는 하는데, 골프장 관리에는 신경을 안 쓰는 건지, 아니면 몰라서 못하는 건지 영 아니올시다였다.

겨울에는 내장객이 없으니 벙커 관리를 하든 말든 우리가 상관할 바가 아니지만, 봄이 되어도 한동안 벙커에 모래를 채우지 않아서 딱딱하게 굳은 바닥에서 공을 치게 하더니 어느 날 모래라고 갖다 넣은 것이 잔자갈과 점토 성분이 섞인 산 흙이어서 골퍼들의 분노를 샀다.

원래 벙커 내에서는 돌멩이를 골라 내지 못하도록 되어 있다.(규칙 제23조, 2벌타) 그런데 돌멩이를 골라내지 않으면 클럽을 망가뜨릴 정도니 어쩌란 말인가. 게다가 점토성분이 섞여서 소나기라도 내리거나 스프링클러에 의해 물이 뿌려지면 벙커의 표면에 딱딱한 막까지 생기게 되는데, 거기까지는 그래도 좋다. 발자국을 지우는 고무래가 얼마나 한다고 그 큰 벙커에 고무래를 달랑 하나만 놓아두니 거의 대부분의 사람들이 고무래를 찾다가는 포기한 채 발자국을 지우지 않고 나온다. 따라서 오후에 나가면 가뜩이나 좋지 않은 모래인데다가 발자국에 공이 빠져 있는 경우가 많아 속된 말로 기분을 잡치게 된다.

그런데 봄에 비가 많이 와서 이들 벙커의 모래 아닌 모래가 전부 못 쓰게 되어 버렸다. 결국 골프장에서 멕시코인 인부들을 시켜 대대적으로 배수로 작업을 했는데, 벙커 밑으로 파묻는 하수도관을 자갈로 채우거나 스펀지 등으로 막고 파묻었어야 하는데 그러지를 않았다. 그냥 그대로 PVC 주름파이프를 묻고 그 위를 모래로 덮었다.

그러니 공사가 끝나고 며칠 되지도 않아서 비가 와 모래가 파이프 속으로 전부 쓸려 내려가 버리고 맨 바닥이 드러나 버렸다. 돈도 돈이려니

와 공사 기간 중의 불편을 묵묵히 참아준 고객들에게도 예의가 아니었다.

문제는 벙커가 이 정도가 되면 아무도 페어웨이에서 디봇 자국을 보수하려고 하지 않는다는 사실이다. 미국사람들은 원래 디봇 자국을 잘 보수하지 않는다. 그런데 벙커마저 그 모양이니 다른 곳에서는 디봇 자국을 잘 보수하던 사람들조차 여기서는 아예 보수할 생각을 않는다. 그렇다면 골프장 측에서 모래로라도 디봇 자국을 메워야 하는데 그러지도 않았다.

보다 못해 동반자와 내가 전동카트에 모래 병을 2개씩 싣고 가다가 수시로 빈 모래 병을 채워가면서 디봇 자국을 메우고 다녔다. 하지만 온통 곰보처럼 파인 그 넓은 페어웨이를 다 메울 수는 없어 망가져가는 페어웨이를 안타깝게 바라 본 적이 한 두 번이 아니었다.

미국은 전동 카트를 타고 페어웨이를 종횡무진으로 다니기 때문에 잔디가 많이 상한다. 이처럼 잔디가 상하게 되면 회복될 때까지 수리지 표시를 하는데, 보통 녹색 말뚝을 박고 끈으로 연결해 놓는다. 다른 골프장은 대개 눈에 잘 뜨이도록 흰색이나 노랑색 끈을 많이 사용하지만, 뉴알바니링크스는 끈도 녹색 끈을 사용해서 눈에 잘 뜨이지 않아 많은 끈들이 전동 카트에 끊긴 채로 방치되고 있었다.

비가 오는데도 스프링클러를 작동시켜 물을 뿌리는가 하면, 정작 날이 가물어 잔디가 노랗게 말라죽어도 스프링클러를 작동하는 시간 외에는 절대로 물을 주지 않았다.

하도 답답해서 벙커 내 고무래 비치 문제를 이야기 했더니 고맙다고 대답만 찰떡 같이 하고는 겨우 큰 벙커에 고무래 하나씩 만 더 갖다 놓았다. 그 넓은 벙커에 달랑 고무래 두 개가 가당키나 한 것인지.

내가 사장이었으면 당장 매니저를 잘랐을 텐데, 잘리지 않는 것을 보면 그 매니저에게 무언가 특별한 능력이 있는 것 같긴 하지만, 불과 1년 사이에 그 좋던 골프장이 폐허처럼 되어 가는 모습을 보자니 골퍼로서 무척 가슴이 아팠다.

벙커와 비치

미국에서는 벙커라는 용어보다는 트랩(Trap) 또는 비치(Beach)라는 말을 더 많이 쓴다. 한국에서는 벙커에 자주 빠지면 벙커(?) 구경한지가 오래 되어 자꾸 빠진다는 조크를 하는데, 미국에서는 해변에 갔다 온지가 오래되어 비치에 자꾸 빠진다는 조크를 한다.

재미있는 **골프룰**

벙커 속 이물질 처리
(규칙 제23조)

　솔방울, 나뭇잎, 돌멩이 혹은 다른 자연적인 장애물들은 건드리거나 제거해서는 안 된다.(2벌타) 다만 로컬룰에서 돌멩이를 치울 수 있다고 정했을 경우에는 무벌타로 치울 수 있다.

토론토에서 골프를 치다

　토론토는 캐나다의 수도는 아니지만 금융 및 상업의 중심지로 캐나다에서 가장 인구가 많으며 발전된 도시로, 우리나라 교민들도 많이 살고 있다.
　남편의 친한 대학 동기 L씨가 토론토에 살고 있었기 때문에 우리 부부는 캐나다의 연휴기간을 이용해서 토론토를 방문하기로 했다.
　구글 지도로 검색해보니 우리가 살고 있는 오하이오에서 토론토까지는 정확하게 328마일이었고, 자동차로 7시간 30분이 소요된다고 나왔다. 7시간 반이면 굉장히 먼 거리 같지만, 미국에서는 보통 자동차로 이동하는 거리이다.
　장거리 주행을 하기 위해 자동차를 점검하다보니 우리는 두 시가 다 되어서야 가까스로 출발할 수 있었다.
　미국의 고속도로는 우리나라처럼 휴게소가 발달되어 있지 않다.

60~70마일 정도마다 휴게소가 있기는 한데, 화장실과 자판기가 전부다. 미국사람들이야 샌드위치 같은 것을 싸가지고 가다가 휴게소 야외 식탁에서 먹을 수가 있지만, 우리는 국물이 없으면 영 넘어가질 않는 민족이라 끼니를 해결하는 일이 만만치가 않았다.

그래서 궁리해낸 것이 컵라면을 사가지고 가다가 물을 부어서 먹는 방법이었는데, 뜨거운 물은 커피포트를 가지고 가다가 화장실에 있는 콘센트에 꽂고 끓이면 된다.

워낙 늦게 출발한데다 중간에 휴게소에 들리면서 갔기 때문에 밤 열시 반이나 되어서 가까스로 L씨 집에 도착할 수 있었다. 도착하자마자 간단히 저녁을 먹고 그간 살아온 이야기를 다시 듣느라고 시간 가는 줄 모르다가 새벽녘에야 가까스로 잠을 청할 수 있었다.

다음 날, 골프장에 대한 L씨의 브리핑이 있었다.

토론토시에서 운영하는 골프장은 모두 다섯 개가 있는데, 돈 밸리(Don Valley) 골프장은 오르막과 내리막의 경사가 심하고, 코스 길이가 길어 비교적 어려운 코스이며, 험버 밸리(Humber Valley)는 요소요소에 벙커가 있어 집중이 요구된다고 했다. 또한 탐 오샨타(Tam O'Shanter)는 코스 길이가 비교적 길고, 물이 많아 인내심과 집중력이 요구되는 코스라고 했으며, 나머지 두 개는 파 3 혹은 연습용이라고 했다.

그런데 가는 날이 장날이라고, 돈 밸리에 도착할 무렵부터 한 두 방울씩 떨어지기 시작한 빗방울이 티오프 시간이 되자, 주룩주룩 쏟아지기 시작했다. 할 수 없이 프로샵에서 기다리는데 1시간 정도 지나자 언제 비가 왔느냐는 듯이 해가 나왔다.

L씨가 그린피를 계산하고, 우리는 1번 홀 티박스로 내려갔는데, 비가 온 덕분에 아무도 없는 돈 밸리 골프장에서 우리는 황제골프를 즐길 수 있었다.

캐나다는 모든 거리 표시에 미터법을 쓰면서도 골프장만큼은 야드를 사용하고 있어 이채로웠다. 우리나라의 경우에는 어느 골프장은 미터를, 어느 골프장은 야드를 사용해서 처음 가는 골퍼들을 당황하게 만드는데, 캐나다는 골프장만큼은 전부 야드로 통일하고 있다고 한다.

남자들은 블루에서, 여자들은 레드에서 치기로 했는데, 오하이오에서 같이 골프를 친 적이 있기 때문에 L씨나 S의 실력은 이미 알고 있었지만, 의외로 1번 홀에서 L씨가 버디를 기록해서 우리 모두를 놀라게 했다.

하지만 1번 홀의 당당함도 잠시, 2번 홀부터 계속해서 보기와 더블보기를 전전하면서 L씨는 가까스로 100타를 기록했다.

S는 더블보기와 트리플보기를 주로 했는데, 파 5인 6번 홀에서는 써드 샷으로 친 공이 벙커 속의 발자국 속으로 들어갔다.

아직 벙커샷은 무리라고 생각되어 언플레이어블을 선언하고 드롭했다. 결국 벌타를 포함해서 양파를 기록했고, 최종적으로는 전반 59타, 후반 49타로 도합 108타를 기록했다. 비록 오케이를 후하게 받기는 했지만 미국에 왔을 때보다 상당히 업그레이드된 성적이었다.

　남편이 88타, 내가 77타를 기록했는데, 업 다운이 심한 골프장에서 전동카트를 타지 않고 걸어서 플레이를 한 것 치고는 그리 나쁘지 않은 스코어였다.

골프가 섹스보다 좋은 이유

- 맛이 간 장비는 언제든 바꿀 수 있다.
- 기본(Par)만 해도 잘했단 소릴 듣는다.
- 하루 세 번도 가능하다.
- 다른 사람과 해도 이혼당할 염려가 없다.
- 네 명이 함께 하는 게 오히려 더 좋다.
- 나이 들어도 잘 할 수 있다.
- 힘들면 중간에 뭘 먹으며 쉬었다 할 수도 있다.

재미있는 골프룰

벙커 내 발자국에 공이 빠졌을 때
(규칙 제13, 28조)

아무리 비싸고 좋은 4피스 5피스 공이라 하더라도 벙커에 빠지지 않는 공은 없다.

벙커에 빠진 것만 해도 재수가 없는데, 발자국 속에 공이 들어가 있으면 정말 기분 잡친다(더군다나 페어웨이 벙커에서). 그것도 아주 깊은 발자국일 경우(공자님, 발자국이나 보수해 놓고 가지).

또 재수가 없을 때는 자빠져도 코가 깨진다고 공이 벙커 턱 바로 밑에 있어서 억지로 치면 팔이 부러지거나 클럽이 부러지거나 둘 중 하나가 반드시 발생할 것 같은 불길한 예감이 드는 경우도 있다.

이 경우, 당신이 선택할 수 있는 것은 단 두 가지뿐이다.

하나는 성호를 긋고 그대로 치는 방법이고(제13조), 다른 하나는 1벌타를 감수하고 언플레이어블을 선언하는 것이다. (제28조)

일단 언플레이어블을 선언하고 난 후에는 세 가지 방법이 있다.

하나는 공으로부터 두 클럽 이내의 벙커 내에서 드롭하는 것이고, 다른 하나는 공과 깃대를 연결하는 가상선의 후방선상 벙커 안에 드롭하는 것이다. 두 경우 모두 벙커 내에서 드롭을 해야 한다. 벙커가 죽어도 싫다면 마지막으로 먼저 친 자리로 돌아가서 치면 된다. 물론 세 가지 모두 1벌타를 감수해야 한다.

그리고 주의할 점 하나, 벙커 내에서는 나뭇가지, 나뭇잎, 솔방울, 돌멩이 등을 치울 수 없다.(제23조, 2벌타)

다만 깡통이나 과자 봉지, 고무래 등 인공물은 치울 수 있다. 이러한 인공물을 치우다 공이 움직일 경우 벌타다 아니다 하면서 싸우는 아마추어들이 있는데 SBS다.

고의만 아니라면 무벌타로 공을 원 위치시키면 된다.(제24조)

유태인 부자와 라운딩을 하다

　미국은 한국과 달리 골프장의 여유가 많기 때문에 한국에서 흔히 말하는 골프장 조인(4명이 안 될 경우 골프장 측에서 4명을 만들어 주는 것)이 거의 없다. 그런데 토요일의 경우에는 황금시간 대(오전 8시~10시)에 치려고 하는 사람들이 많기 때문에 가끔씩 조인을 하기도 한다.
　토요일 아침 티오프 시간에 맞추어 참피온스 골프장에 갔더니 1번 홀 티박스에 3~4팀이 밀려 있었다.
　진행자가 오더니 앞 팀의 2명과 조인을 해서 치는 것이 어떻겠냐고 했다. 서로 수인사를 나눴는데 조금 나이가 들어 보이는 사람은 스티브이고, 조금 덜 들어 보이는 사람은 브라이언이라고 했다. 둘 다 서양인치고는 아담한 체형이었다.
　조금 나이가 들어 보이는 사람이 먼저 티샷을 하고, 다른 사람이 이어서 티샷을 했는데, 둘 다 제법 치는 수준 같았다. P씨와 내가 티샷을 하고 공이 있는 곳으로 가보니 내 공이 가장 앞에 나가 있었고, 스티브가 그 다음, P씨의 공이 바로 뒤, 그리고 브라이언의 공이 가장 뒤에 있었다.

그런데 이야기를 나누다 보니, 스티브는 65세이고, 브라이언은 35세라고 했는데, 브라이언이 스티브의 아들이었다. 그래서 내가 브라이언에게 아버지가 블루에서 치니까, 너는 블랙에서 쳐야 되는 것 아니냐고 농담반 진담반으로 이야기했더니 아버지가 자기보다 골프를 잘 치고, 또 자기는 몇 년 전에 심장수술을 했기 때문에 약해서 블랙에서 칠 수가 없다고 했다. 아픈 데를 건드린 것 같아서 미안하다고 했더니 괜찮다고 했다.

2번 홀, 3번 홀을 지나면서 묻지도 않았는데 자기 아버지가 세 번째 결혼식을 이 골프장에서 했다고 말하는 것이 아닌가. 그러자 스티브가 세 번째가 아니고 두 번째라고 정정해주었다.

이건 뭐 결혼 많이 한 게 자랑이라도 되는 것처럼 얘기해서 웃을 수밖에 없었는데, 브라이언 자신도 지금 이혼한 상태라고 했다. 왜 다시 결혼하지 않느냐고 물으니 돈이 없어서 못한다고 했다. 아버지가 부잔데 좀 도와달라고 하면 되지 않느냐고 하니까, 그럴 예정이라고 했다.

그런데 스티브는 전형적인 아버지였다. 아들이 드라이버를 치면 드라이버를 이렇게 쳐라, 어프로치를 하면 어프로치는 이렇게 해야 한다는 등, 매 동작마다 자상하게 가르쳐 주는 것이었다. 그 때마다 브라이언은 스티브 어쩌고저쩌고 하면서 말을 했다. 도대체 영어에는 아버지라는 말이 없는 것인지.

스티브가 몇 년 전까지만 해도 이 골프장이 프라이빗이었다고 하면서 자기가 그 때 회원이었다고 자랑을 했다. 내가 짐짓 놀라는 표정을 지으면서 이 골프장이 원래는 유태인 전용 골프장이었던 것으로 들었다고 하니까, 자기가 바로 유태인이라고 했다.

그래서 부자시겠네요 했더니 부자는 아니고, 돈은 조금 가지고 있다고 했다.

유태인은 조국이 없이 이천 년을 남의 나라에서 살아왔기 때문에 돈에 대한 집착이 그 어떤 다른 민족보다 강하다. 셰익스피어는 이러한 유태인을 비꼬아 베니스의 상인이라고 하는 희곡을 쓰기도 했지만, 자신을 지켜줄 수 있는 것은 돈밖에 없다는 것을 이천 년 동안 몸으로 느꼈을 테니 그럴 수밖에 없겠다는 생각도 든다.

그런데 11번 홀에서 브라이언이 친 공이 앞 팀 근처에 떨어지는 일이 발생했다.

그래서 내가 "브라이언! 네 공이 앞 팀을 놀라게 했는데, 사과해야 하지 않겠니?(Brian, Your ball threatened front team players, I think it's nice to say sorry)"라고 했더니, "왜? 괜찮아.(Why? No problem)" 하는 것이었다.

그리고는 지루함을 느꼈는지 앞 팀 때문에 지체가 되면 바로 공을 집어 들고 카트로 가서는 스마트폰을 이용해서 다른 장난을 하는 것이었다. 왜 그러느냐고 했더니 자기는 몸이 약해서 오래 기다리지 못한다는 대답이었다.

드라이버는 이렇게 쳐라, 퍼팅은 이렇게 해라 하고 자상하게 가르쳐 주던 스티브도 정작 자기 아들의 공이 앞 팀에 위협을 준데 대해서는 이렇다 할 주의도 주지 않았고, 멋대로 공을 집어 들고 카트에 앉아서 장난을 쳐도 아무 말이 없었다.

나는 혹시 브라이언이 자폐증 환자가 아닐까 하는 의심이 문득 들기도 했다.

아무튼 세계 제일이라고 하는 유태인들의 자식 교육에 대한 신화가 완전히 무너져버리는 순간이었다. 물론 유태인이라고 해서 다 그런 것은 아니겠지만, 그렇게 자상한 스티브가 왜 골프 매너는 제대로 가르쳐 주지 않는지 알 수가 없었고, 또 그 정도의 매너는 배우지 않아도 저절로 알 법도 한데, 알려고 하지도 않는 그들 부자를 보면서 전혀 매너라고는 찾아 볼 수가 없는 미국 젊은이들의 골프 습관이 조금은 이해가 되었다.

노터치

골프를 좋아하던 부부가 이혼을 하면서 재산을 나누기로 했다.
남편이 복잡하게 하지 말고 일단 재산을 반반씩 나눈 것으로 한 후 엎어치기 골프를 하자고 제안했다.
부인이 좋다고 해서 골프를 쳤는데 동점이었다.
다시 남편이 제안했다.
"우리, 오줌 누기로 해서 멀리 가는 사람이 재산 다 갖는 것으로 하자."
부인이 대답했다.
"좋아, 그 대신 노터치다."

재미있는 골프 룰

티오프에서 홀 아웃까지
(규칙 제2, 3, 32조)

티오프된 공은 홀 아웃을 해야 한다. 물론 경우에 따라서 오케이(Concede)를 주고받을 수는 있지만, 플레이 도중에 공을 집고 플레이를 중단하면 실격이 된다.

오비가 되거나, 워터 해저드에 빠져서 원래의 공을 찾을 수 없게 되지 않는 한 공은 홀 아웃 후 티오프를 하기 전 이외에는 교체해서는 안 된다.(2벌타)

머그씨와 두 번째 라운딩을 하다

9월 첫째 주 월요일은 미국의 노동절로 모든 노동자들이 휴무를 즐기기 때문에 11시 10분에야 가까스로 티타임을 잡을 수 있었다.

뉴알바니링크스 골프장에 도착해서 체크인을 하고, 1번 홀로 갔더니 전동 카트가 많이 밀려 있었다.

일반적으로 미국 골프장은 전동 카트를 타고 페어웨이를 마음대로 다니도록 하는데, 오늘은 며칠째 계속된 비로 페어웨이가 젖어서 카트 도로로만 다니도록 했기 때문에 밀리는 것이었다. 미국 사람들은 아주 느리게 걷기 때문에 카트에서 공까지 걸어가는 시간이 장난이 아니다. 게다가 뽑아 가지고 간 채가 거리에 맞지 않을 경우 다시 왔다 가는 시간 등으로 인해 1번 홀부터 거의 정체 상태였다.

아무튼 가볍게 몸을 풀면서 티오프 차례를 기다리고 있는데, 진행을 보는 제리가 와서 다른 사람과 조인(Join)을 했으면 좋겠다는 말을 했다. 어차피 페어웨이에서도 계속 기다려야 하는 상황이었기 때문에 그렇게 하겠다고 했다.

조인하는 사람과 악수를 하고 통성명을 하는데, 그 사람이 우리를 알아보는 것 같았다. 심지어 남편이 '킴'이고, 내가 '리'라는 것까지 기억해냈다.

우리는 많은 미국사람들과 라운딩을 함께 했기 때문에 특별히 특정인을 기억하기 힘든데 반해, 같이 친 미국 사람들은 동양인과 같이 친 경우가 많지 않기 때문에 우리를 쉽게 기억하는 것 같았다.

잠시 후 남편이 열심히 기억을 되살리더니 오늘 재수 옴 붙었다고 했다. 왜 그러느냐고 했더니 조인하는 사람이 오래 전에 함께 라운딩을 한 부부 중의 남편인데, 그때 두 사람의 골프 매너가 너무 형편없어서 다시는 같이 치고 싶지 않았던 기억이 난다고 했다. 그렇다고 같이 치겠다고 해놓고 이제 와서 번복할 수도 없는 일이어서 "피할 수 없다면 즐겨라"라는 말을 떠올리며 평정심을 되찾았다.

이런저런 얘기 끝에 부인은 어디 가고 오늘 혼자서 나왔느냐고 했더니, 부인은 오늘 날씨가 좋지 않아 치지 않겠다고 해서 딸을 데리고 나왔다고 했다. 보니까, 고등학생쯤으로 보이는 여자 아이가 음료수 병을 들고 서 있었다. 딸은 골프는 안치고 산책만 할 것이라고 하기에 인사를 하면서 악수를 청했더니 자기 이름이 미야라고 했다.

티오프 차례가 되자, 머그 씨는 태연하게 티잉 그라운드에 올라가더니 휘휘 드라이버를 휘둘렀다. 나이로 쳐도 남편이 두 살 많고(지난번에 하도 매너가 없어서 남편이 두 살 많다는 것을 강조해준 적이 있었다), 티타임도 우리가 앞이었는데 아무런 양해도 없이 티잉그라운드에 냉큼 올라가서 드라이버를 휘두르고 있는 것이었다.

이윽고 앞 팀이 이동하자, 머그 씨가 티를 꽂고 드라이버 샷을 했는데, 아직 몸이 덜 풀려서 그랬는지 공이 오른쪽 숲 속으로 날아가 버렸다.

그러자, 양해를 구하는 법도 없이 주머니에서 다른 공을 꺼내서 다시 티업을 하고는 한 번 더 샷을 했다. 꼬장꼬장한 남편의 얼굴이 순간적으로 찌푸려졌다. 이어서 남편이, 그리고 내가 티샷을 했다.

머그 씨가 먼저 세컨드 샷을 하고, 남편이 세컨드 샷을 했는데 남편의 공이 약간 우측으로 가서 러프에 빠졌다. 내가 세컨드 샷을 하고 난 후 남편의 공을 같이 찾았는데, 머그 씨는 함께 찾아볼 생각도 하지 않고 자기 딸과 이야기를 나누며 서 있었다. 러프가 길지도 않았는데 공이 얼른 눈에 띄지를 않자, 남편은 로스트 볼로 처리하겠다며 다른 공을 드롭하고 쳤다.

결국 머그 씨가 오비를 내어 트리플, 남편이 로스트 볼 때문에 더블, 내가 보기를 기록했다. 그런데 2번 홀에서 또다시 머그 씨가 티박스로 먼저 올라가더니 드라이버 샷을 하는 것이었다. 그리고 2번 홀에서는 머그 씨가 더블, 남편이 파, 내가 보기를 했다.

3번 홀로 이동하자, 파 3이기 때문에 앞 팀이 아직 그린 위에 있는 것이 보였다. 그런데 누가 오너(Honour) 자리를 뺏어 가기라도 할 것처럼 머그 씨가 얼른 티박스로 올라가더니 티를 꽂고 공을 올려놓는 것이었다. 이건 뭐 완전히 시골버스 자리 잡기였다. 그러자 남편이 더 이상 참을 수 없다는 듯 그를 보고 말했다.

"머그 씨! 일반적으로는 전번 홀의 성적에 따라 드라이버를 치는 게 맞습니다."

그랬더니 머그 씨는 자기도 잘 안다고 하면서 몇 번 순서를 지키는 듯하더니 8번 홀에서 다시 먼저 올라가 티를 꽂는 게 아닌가.

아무튼 드라이버 샷의 순서는 물론이고, 남의 퍼팅 라인 밟기, 티박스에서 배꼽 튀어나오게 티 꽂기 등, 골프의 골자도 모르는 사람처럼 행동하더니 다행스럽게도 전반 나인 홀을 마치고는 그만 치겠다고 하면서 페어웨이 옆에 있는 자기 집으로 들어가 버렸다.

'머그씨, 앞으로 당신하고 내가 다시 골프를 치면 내 성을 바꿀 거야!'

개의 종류

물개: 물론이다 개자식아(온 그린, 버디 등을 자랑하기 위해 올라갔지? 들어갔지? 하고 얄밉게 물어볼 때)

물안개: 물론 안 되지 개자식아(거리보다 짧은 채를 가지고 이걸로 될까? 하고 물어 볼 때)

고들개: 고개 들면 개××(초보자가 장갑 엄지에 잘 보이도록 써놓는 말)

무지개 매너: 무지 개 같은 매너(자기가 잘못 치고 캐디한테 뭐라고 하는 사람)

물방개: 물론 방카지 개××야!(벙커에 빠졌냐고 물어볼 때)

 짬짬이 즐기는 **황당 퀴즈**

임금은 '킹'이라고 부른다. 그렇다면 임금의 아버지는 뭐라고 부를까?

부킹(父킹)

머그씨와 두 번째 라운딩을 하다

재미있는 골프 룰

플레이 순서 (규칙 제10조)

　최초의 티샷은 부킹 리스트 순서대로 하고, 그 다음 홀부터는 전 홀의 성적에 따라 하는 것이 원칙이다. 다만 최초 티샷의 경우에는 심지 뽑기로 결정하는 경우도 많이 있다.

　순서대로 티샷을 하지 않았다고 해서 벌타가 주어지는 것은 아니지만, 특정한 사람에게 이익을 주기 위해 고의로 바꾸었다면 둘 다 실격 처리된다.

　온 그린이 되었을 때는 홀에서 먼 순서대로 공을 치는 것이 원칙으로, 이것은 공이 그린에 있든 페어웨이에 있든 마찬가지다. 따라서 그린에 있는 공이 멀고, 페어웨이에 있는 공이 가까운 경우에는 그린에 있는 플레이어가 먼저 치는 것이 원칙이다.

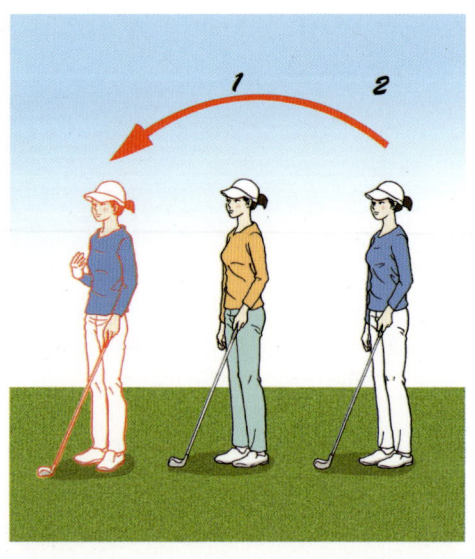

하지만 깃대를 뽑았다 꽂았다 하는 시간을 절약하기 위해 그린 밖에 있는 사람이 먼저 치는 경우도 많이 있다. 이런 경우 벌타는 없다.

만약에 그린의 상태 등을 알아보기 위해 의도적으로 순서를 바꾸는데 합의한 경우라면 두 사람 다 실격이 될 수 있다. 그리고 퍼팅을 해서 홀에 아주 가깝게 붙였을 경우에는 동반자의 양해를 얻어 마무리를 먼저 할 수 있다.

매치플레이의 경우에는 순서를 어겨 퍼팅을 한다고 해서 벌타를 받는 것은 아니다. 다만 상대방이 즉시 이의를 제기하는 경우 먼저 친 공을 취소하고 다시 순서에 맞게 치면 된다.

연습 스윙은 어떻게
하는 것이 좋을까?

　골프장에서 보면 미국 사람들은 거의 연습 스윙을 하지 않는다. 어드레스를 했는가 하면 어느새 스윙을 한다. 그리고는 제대로 맞지 않았다고 욕설을 한다. 반면에 우리나라 사람은 연습 스윙을 너무 많이 해서 동반자들을 짜증나게 하는 경우가 무척 많다.

　이러한 연습 스윙을 가라 스윙이라고 말하는 사람들이 있는데, 가라(から)는 일본말이고, 스윙(Swing)은 영어이니 "가라 스윙을 한다"라고 말하면 한번에 3개 국어를 하는 셈이 된다. 연습 스윙을 영어로는 프랙티스 스윙(Practice Swing)이라고 하니 연습 스윙이 더 정확한 표현이지만 이상하게도 가라 스윙이라는 표현을 쓰는 사람들이 더 많은데, 아마도 말의 재미 때문일 것이다.

　나는 플레이를 할 때 연습 스윙을 거의 하지 않는 편에 속하는데, 드라이버든 아이언이든 연습 스윙 없이 바로 어드레스를 하고, 스윙을 한다.

연습 스윙은 근육의 긴장을 풀어주는 대신 다소 느슨해진 정신을 다잡아주는 이중의 효과가 있기 때문에 하지 않는 것보다는 하는 것이 좋음에도 불구하고 나는 티박스에만 올라서면 연습 스윙하는 것을 순간적으로 잊어버리는 경우가 많다.

연습 스윙은 가급적 실제 스윙과 동일한 환경에서 하는 것이 좋다. 따라서 실제로 공을 쳐보고 다시 칠 수만 있다면 그보다 좋은 연습 스윙은 없겠지만 연습으로 공을 쳐볼 수는 없기 때문에 실제의 상황과 가장 유사한 상황에서 연습 스윙을 하는 것이 좋다.

가끔 페어웨이에서 보면 그린 쪽 방향과 수직이 되게 디봇 자국이 나 있는 것을 발견할 수가 있는데, 나도 가끔씩 티박스에서 그린 방향과 90도가 되도록 서서 연습 스윙을 할 때가 있다. 그것은 아마도 처음 배울 때 앞 팀 사람들에게 '내가 지금 공을 치는 것이 아니니 안심하시오'라는 의미로 옆으로 서서 스윙을 하기 시작한 게 버릇이 된 게 아닌가 싶다.

그런데 옆으로 서서 연습 스윙을 하면 근육의 긴장을 풀어주는 효과 이외에는 별다른 의미가 없다. 하지만 실제로 공을 치는 깃대 방향으로 서서 연습을 한다면, 땅의 기울기, 바람의 세기, 풀의 저항, 그린까지 가는 주변 환경(나무나 해저드 등) 등을 모두 파악할 수 있기 때문에 일석이조의 효과를 볼 수 있다.

하지만 몸에 좋은 약도 많이 먹으면 좋지 않듯, 연습 스윙도 너무 많이 하면 좋지 않은데, 우선 몸에서 힘이 빠져나가기 때문에 순간적인 파워가 필요한 타격 순간에 힘이 약해질 수 있다. 또한 본인의 성적이 나빠지는 것뿐만 아니라, 동반자에게 스트레스를 줄 수도 있기 때문에 더욱 안 좋다. 오죽하면 아가씨(아직도 가라 스윙하냐, 씨×놈아)라는 말이 나왔을까.

미국 PGA에서 활동하는 한 한국인 선수도 연습 스윙을 많이 하는 것으로 정평이 나 있는데, 그는 어드레스를 하기 전에 최소한 다섯 번 정도의 스윙을 하고, 어드레스 자세에서 다시 여섯 번의 스윙을 하며, 이제는 치는가 하면 다시 뒤로 나와서 다섯 번 정도 더 연습 스윙을 한다. 결국 대회 진행본부로부터 주의를 받고 그 영향으로 나쁜 스코어를 기록하고 만다.

내 경험에 의하면 연습 스윙은 어드레스 자세에서 반걸음 정도 뒤로 물러서서 한두 번 정도 하는 것이 가장 좋다고 본다.

그런데 연습 스윙을 하다가 공을 건드리면 어떻게 될까?

아마추어들은 "연습이야" 하면서 공을 원위치에 옮겨 놓고 친다. 원위치에 옮겨 놓고 치는 것은 맞지만, 1벌타를 추가해야 하는데도 그렇게 하지 않는다. 물론 원위치로 옮겨 놓고 플레이를 하지 않으면 오소 플레이로 2벌타가 추가된다. 연습 스윙이 아니고 어드레스를 하다가도 공을 건드려 움직이게 되면 마찬가지로 1벌타가 부과된다. 다만 드라이버의 경우는 예외다.(18조)

참피온스 골프장에서 자주 만나 플레이를 했던 폴 리치 씨가 생각이 나는데, 그는 아침 일찍 골프장에 도착해서 우리가 도착하기를 기다리기도 하고, 혹시 우리가 먼저 나갔으면 따라오다가 마주치는 홀에서 몇 홀을 건너뛰던지 상관하지 않고 우리와 조인했다.

그는 오하이오 북부의 항구도시인 톨리도에서 살다가 정년퇴직을 하고 재취업을 위해 컬럼버스로 왔다고 했지만, 취업에는 별 관심이 없어 보이고 매일 골프장으로 출근을 했다. 폴 리치 씨는 대개의 미국인이 그렇듯이 무릎관절이 좋지 않아 걸음걸이가 반듯하지는 않았지만, 그래도 늘 걸어 다니면서 골프를 쳤다.

그의 드라이버 샷은 항상 함께 라운딩을 하는 다른 남성들보다 10~20야드 더 나갔고, 큰 실수가 없었다. 어느 날 그 비결을 물었더니 매일 드라이버 연습 스윙을 50번씩 하고 잔다는 것이었다. 골프장에 나와서 라운딩을 하든 하지 않든 언제나 50번씩 연습 스윙을 하기 전에는 잠을 자지 않는다는 그의 말에 연습 스윙의 중요성을 다시 한 번 실감했다.

지금도 참피온스 골프장에서 약간 불편한 걸음으로 골프 카트를 밀고 있을 폴 리치 씨가 오래도록 건강하게 골프를 즐기길 바란다.

골프 3락

1락: 라운딩 끝내고 클럽하우스 목욕탕에 느긋하게 누워 콧노래 부를 때
2락: 더운 날 라운딩을 끝내고 차가운 사이다를 탄 생맥주를 처음으로 한 모금 들이킬 때
3락: 돌아오면서 친구 차 뒷자리에서 알딸딸한 기분으로 졸고 있을 때

또 다른 골프 3락

1락: 배판에서 앞에 친 3명이 전부 OB내고, 나만 뒤돌아서서 몰래 웃을 때
2락: 경기 후 클럽 하우스 탕 속에 느긋하게 앉아 있는데, 창밖에 비가 쏟아질 때
3락: 3만원 딴 줄 알았는데 몰래 세어보니 5만원 땄을 때

| 재미있는 골프룰 |

연습 스윙을 하다가 공을 건드렸을 때
(규칙 제18조)

특히 러프지역에서 연습 스윙을 하다가 공을 건드리는 경우가 많이 있다.

이런 때 아마추어들은 멋쩍은 웃음을 흘리면서 "잘못 맞았어" 하고는 공을 원위치 시키는데, 원칙적으로는 1벌타를 부과 받은 후 원위치 시켜야 한다.

만약 원위치 시키지 않고 그대로 플레이를 한다면 어떻게 될까? 오소 플레이로 2벌타가 부과된다.

이글은 주변 사람을
즐겁게 한다

오래간만에 L씨로부터 운동을 같이 하자는 연락이 왔다.

H씨, S씨, R씨, O씨 등과 약속이 되었기 때문에 우리 부부만 참가하면 두 팀이 된다는 것이었다. 모두 오래간만에 뵙는 분들이라 기꺼이 참가하겠다고 대답했다.

약속한 날에 레이몬드 골프장으로 갔더니 미국인 한 사람이 또 조인했다. 그래서 H씨, S씨, R씨, 남편이 한 조가 되었고, 나는 L씨와 O씨 그리고 조인한 미국인과 한 조가 되어 남편 조를 따라갔다.

전에도 이야기했지만 레이몬드 골프장은 오하이오 주립대 근처의 시내에 있기 때문에 플레이어들이 많아 지체가 매우 심한 곳이다. 더군다나 다른 골프장에 비해 초보자들이 유난히 많이 나오기 때문에 평일에도 항상 붐비며, 도난 사고도 잦아서 눈 깜짝할 사이에 퍼터 등을 잃어버리는 경우가 많다.

아무튼 6월 하순의 뜨거움 속에서 전반 나인 홀을 마치고, 후반 파 5인 11번 홀 페어웨이에서 세컨드 샷을 하는데, 그린 위에 있던 앞 팀에서 갑자기 시끄러운 소리가 났다. 누가 버디를 한 모양이로구나 생각하면서 플레이를 계속했는데, 11, 12번 홀을 마치고 13번 홀 쪽으로 가자, 파 3인 13번 홀에서 대기를 하고 있던 앞 팀과 자연스럽게 만나게 되었다.

그러자 H씨가 "남편이 이글한 거 아세요?" 하는 것이었다.

"어디서요?"

"11번 홀이요."

"아? 아까 떠들썩했던 게 이글 때문에?"

그제야 남편이 빙그레 웃으며 "나도 한 건 했지" 라고 말하는 것이었다.

그러자 R씨가 "한 40센치 됐나?" 하면서 남편의 얼굴을 쳐다보았다.

"그 정도 됐습니다."

"오케이 주니까, 이글은 오케이 받으면 안 된다고 하면서 치더라고."

"버디나 이글은 오케이 안 주잖아요?"

"그런데 아무튼 아주 가까웠어요."

"그래도 떨리긴 떨리더라구요." 하면서 남편이 이글 장면을 다시 설명했다.

"드라이버 샷이 아주 잘 맞아서 240야드 쯤 나간 것 같았어요. 조금 더 나가면 개울로 내려가는 경사가 되어 세컨드 샷이 어려운 데, 딱 경사가 시작되기 직전에 멈춰 있더라고요."

"……."

"그래서 3번 우드로 가볍게 쳤더니 대문으로 해서 올라가더라고요. 깃대 근처라고는 생각했는데, 그렇게 가깝게 붙어 있으리라고는 생각지 못했지요."

R씨가 말을 받았다.

"가서 보니까, 40센치도 안 되는 것 같았어. 우드로 얼마를 날린 거야?"

"11번 홀이 462야드니까, 한 220야드 쯤 되는 거 같아요."

"거긴 그린 앞이 약간 오르막이라 쉽게 올라가지 않는데…."

"건조한 날이 계속됐기 때문에 땅이 단단해서 런이 좀 많았나 봐요."

"사실 홀인원도 어렵지만 홀인원은 운이 따라줘야 하는 거고, 이글은 드라이버, 세컨드 샷, 퍼팅이 모두 잘 돼야 하는 거니까 실력이 없으면 불가능한 거지."

"뭐, 운이 좋았죠."

그러자 L씨가 말했다.

"이글 처음이야?"

"처음이죠."

"그럼 이글 패를 만들어줘야겠는데."

"만들어주시면 감사히 받죠."

"저도 돈 낼게요."

나도 거들었다.

그러자 H씨가 한턱내라고 했다.

"내야죠. 자, 그럼 오늘 플레이 끝나고 길 건너 펍에서 모두들 맥주 한잔씩 합시다."

그날 플레이가 끝나고 남편의 부담(한 30달러 들었나?)으로 펍에서 맥주를 한잔씩 했다.

그리고 후에 패를 전달받을 때 마크파이에서 남편이 50달러 정도 들여 모두에게 식사를 대접했다.

미국은 그린피도 싸지만 이글 패 받는 값도 한국에 비해 아주 쌌다.

골프와 아내의 공통점 1

- 한번 결정하면 바꿀 수 없다.
- 내 마음대로 안 된다.
- 힘들 때는 결별하고 싶기도 하다.
- 너무 예민하다.
- 웃게 했다 화나게 했다 늘 변화무쌍하다.
- 처음 3년 정도는 힘으로, 이후부터는 테크닉으로 승부수를 띄운다.
- 시간이 갈수록 고난도의 테크닉을 요한다.
- 홀 근처만 가면 겁난다.
- 잔소리를 들을수록 더 안 된다.
- 제대로 갖추려면 밑천이 많이 든다.(장비와 외모)
- 물을 싫어한다.(설거지, 해저드)

골프와 아내의 공통점 2

- 힘? 쓰면 반드시 후회한다.
- 돈을 많이 갖다 바치면 확실히 편해진다.
- 조강지처(손에 익은 골프채)가 그래도 편하다.
- 대들어봐야 저만 손해다. 그때그때 상태에 따라 비위 맞춰주는 게 상책이다.
- 조금만 소홀해지면 금방 티가 난다.
- 정말로 이해 안갈 때가 많이 있다.
- 즐거움과 적당한 스트레스를 함께 주는 영원한 동반자다.
- 매번 조심하지 않으면 애를 먹인다.
- 유지관리에 항상 돈이 많이 든다.
- 적당히 달래야지 때리면 도망(OB)간다.
- 남의 것을 잘못 건드리면 반드시 벌을 받는다.
- 노년에도 함께 한다면 모두들 부러워한다.
- 아무리 오랜 시간을 함께 해도 모르는 구석이 속속 나온다.
- 바꾸려고 해봐야 헛수고이고, 있는 그대로 적응하는 것이 더 낫다.

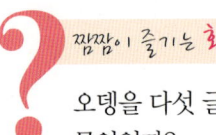

오뎅을 다섯 글자로 하면 '뎅뎅뎅뎅뎅'인데, 태풍을 여섯 글자로 하면 무엇일까?

바람 바람 바람

재미있는 골프룰

공이 바람 등에 의해 움직였을 때
(규칙 제13, 16, 19조)

깃대에 바짝 붙여 놓은 공이 돌풍에 의해 움직일 수 있다. 깃대에 가까운 쪽으로 움직이면 다행인데, 깃대에서 멀어지는 경우가 대부분이다.

이때에는 당신의 운을 탓하면서 별 수 없이 그대로 쳐야 한다.(제13조)

깃대에 바짝 붙여 놓은 공을 다른 공이 와서 건드리는 경우도 종종 발생한다. 이때 건드린 공은 정지된 자리에서 치고, 충돌로 움직인 공은 원래의 자리로 옮겨 놓으면 된다.

건드린 공이 그린 밖에서 친 것이라면 무벌타지만 그린 안에서 친 것이라면 2벌타를 부과받는다.(제19조)

공이 홀로 들어갈 듯 하다가 가장자리에 멈춰서는 경우도 있다. 얼마나 기다려야 할까? 정답은 10초이다. 10초가 넘어서 들어가면 어떻게 될까? 물론 홀인을 한 것으로 인정은 된다. 그 대신에 벌타를 하나 받아야 한다.(제16조)

위 아 더 월드,
삼인종이 함께 골프를 치다

    토요일이라 7시 55분에 티타임을 잡아 놓았는데, 오후에 비가 온다는 일기예보가 있어서 서둘렀더니 7시 10분에 골프장에 도착했다. 가장 먼저 왔으려니 했는데, 첫 팀 4명이 벌써 티샷 준비를 하고 있었다. 5분만 더 일찍 왔더라면 가장 먼저 나갈 수 있었을 텐데 하는 아쉬움이 있었지만 어쩌랴.

    앞 팀 4명이 티샷을 하는데, 두 사람은 첫 번째 티샷이 잘못되어 두 번씩 티샷을 했다. 그들은 두 사람이 두 번씩이나 티샷을 하면서도 전혀 뒷팀에 미안해하거나 양해를 구하는 등의 기본 매너도 보이지 않았고, 그저 자기들끼리 갓댐 어쩌고저쩌고 하면서 욕설만 해댔다. 그리고는 한 100미터 쯤 앞으로 나가 세컨드 샷을 하는데, 세 명은 어찌됐건 앞으로 나갔지만, 한 명은 나무에 맞고 뒤로 20미터쯤 튕겨 나와 다시 카트를 타고 뒤로 되돌아왔다.

그 모습을 지켜보던 우리 뒷팀에 있던 사람이 남편에게 "저 사람들 왜 4명이 치느라고 뒷팀에 피해를 주는지 모르겠다. 오늘도 빨리 치기는 힘들겠어요." 라면서 말을 걸어왔다. 그러자 남편이 "둘 씩 치면 계속 기다리게 생겼으니 함께 치는 게 어떠냐? 당신들만 좋다면 우리는 함께 칠 수 있다."라고 하면서 말을 받았다.

앞 팀에서 같이 치자는데 마다할 사람이 있을까? 기다렸다는 듯이 그러자고 하면서 자기 이름이 제프라고 했다. 전형적인 미국사람은 그 정도의 나이가 되면 배가 임신부처럼 나오는데, 제프는 키가 180센티미터 정도에 균형잡힌 몸매를 가진 백인이었다. 그리고 동반자는 데시안이라고 하는 키가 조금 작은 흑인이었는데, 흑인 중에서도 아주 새카만 흑인이었다. 제프는 수동 카트를 밀고 있었고, 데시안은 골프백을 메고 있었다.

남편은 킴, 나는 리라고 통성명(미국 사람들은 이름을 알려주는데, 우리나라 사람들은 왜 성을 알려주는지 모르겠지만)을 하고, 남편이 먼저 티샷을 했다. 공은 200미터 정도를 똑바로 날아가서 벙커 앞 페어웨이에 떨어졌다.

굿 샷이라는 소리와 함께 제프가 준비를 하고 티샷을 했는데, 그의 공은 약간 좌측의 듬성듬성한 나무 숲 속으로 날아갔다. 1번 홀 자체가 좌측으로 휘어지는 도그레그 홀인데, 좌측 러프에는 커다란 나무가 듬성듬성 심겨져 있어 세컨드 샷을 하기가 그리 좋지 않다.

이어서 데시안이 티샷을 했는데 존 댈리처럼 오버 스윙이 매우 심했다. 공은 250미터 정도 날아가서 도그레그 홀의 꺾어지는 지점에 있는 벙커에 떨어졌다. 이 벙커는 조금 거리가 멀어서 화이트에서는 종종 집어넣지만, 블루에서는 거의 들어가지 않는 벙커인데, 그곳에 공을 집어넣는 것을 보니 대단한 장타라는 생각이 들었다. 그것도 새벽에 내린 비로 풀에 물기가 있어 런이 거의 발생하지 않는 상태에서 벙커에 넣은 것이었다. 이어서 남편부터 차례로 세컨드 샷을 했는데, 남편의 공이 비에 젖어 물러진 땅에 박혀 있었기 때문에 드롭을 한 후 샷을 했다.

2번 홀은 160야드 정도 되는 파 3 홀로, 그린이 좁아서 온 그린시키기가 만만치 않은 홀이었는데, 역시나 네 사람이 모두 온 그린에 실패했다. 그런데 데시안이 긴장을 했는지 쪼로를 내서 오른 쪽으로 겨우 20미터쯤 갔다.

거리는 140미터 정도밖에 되지 않았지만 앞에 커다란 나무가 있어 세컨드 샷을 하기가 무척 좋지 않았는데도 데시안은 공을 아주 높이 쳐올려 나무를 넘기더니 깃대 바로 옆 1미터 정도에 갖다 붙였다. 하지만 퍼팅에 실패를 해서 보기를 기록했다. 나머지 세 사람도 모두 온 그린 후 투 퍼트로 보기를 했다.

다음 홀에서 티샷을 하는데, 제프가 자기는 식스, 즉 여섯 개를 쳤다고 하면서 마지막에 치는 것이 아닌가. 무슨 말이냐고 했더니 어프로치를 하다가 클럽에 공이 두 번 맞았다는 것이다. 사실 어프로치를 하는데 공이 두 번 맞는 것은 본인이 아니면 거의 알기가 어렵다. 그런데도 솔직하게 두 번 맞았다고 이야기하는 것을 보고 미국인의 정직성에 대해 다시 한 번 생각하는 계기가 되었다.

3번 홀에서 온 그린을 시킨 후 그린 위에 생긴 공 자국을 복구하는데, 보고 있던 데시안이 그렇게 하면 안 된다고 했다. 순간 '너는 디봇 자국도 복구하지 않는 놈이 무슨 소리야' 하는 생각이 들었지만, 겉으로는 상냥하게 웃으면서 그럼 어떻게 해야 하느냐고 물었다.

그러자 데시안이 자신의 도구를 꺼내 공 자국 옆에 박더니 내가 하던 방식과 반대로 도구를 파인 홈 쪽으로 밀었다.

나는 지금까지, 아니 나뿐만 아니라 거의 모든 한국 사람들은 도구를 공 자국 옆에 박은 후 홈과 반대쪽으로 밀어서 파인 곳의 흙을 떠올린 후 퍼터로 다져 주는데 그것이 잘못된 것이라고 하길래 그 이유를 물었다.

데시안은 내가 하는 방식은 잔디의 뿌리를 뜨게 해서 잔디가 죽는다고 했다. 자기처럼 해야 잔디가 죽지 않고 산다는 것이다. 그래서 데시안이 가르쳐 준 방식대로 해보았더니 정말로 잔디 뿌리가 뜨지 않는 것을 직접 느낄 수 있었다. 이렇게 중요한 것을 왜 아무데서도 가르쳐 주지 않나 하는 생각에 골프는 치면 칠수록 배울 게 많은 운동이라는 것을 새삼 느꼈다.

이렇게 그린 보수 방법도 배우는 등 웃고 즐기면서 전반 나인 홀을 마치고, 10번 홀(파 3)로 이동하는데, 비가 주룩주룩 오기 시작해서 플레이를 중단할 수밖에 없었다.

골프를 즐기는 미국인들 가운데 보기 드문 실력과 매너를 갖춘 두 사람과 끝까지 함께 라운딩을 하지 못하는 것이 아쉬웠지만, 비 때문에 다음을 기약할 수밖에 없었다.

아가씨와 아저씨

아가씨: 아직도 가라스윙하고 있냐 씨×놈아
아저씨: 아직도 저 지랄하고 있네 씨×놈이

재미있는 골프룰

공이 클럽에 한번 이상 맞았을 때
(규칙 제14조)

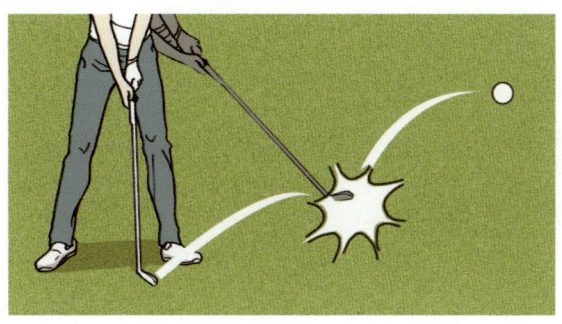

　흔한 일은 아니지만 러프에서 공을 치거나 그린 주변에서 어프로치를 하다가 클럽에 공이 두 번 맞는 경우가 있다. 이 경우 사실 본인이 아니면 두 번 맞았는지 알기가 쉽지 않다.
　아무튼 이 경우에는 1벌타가 추가된다.

재미있는 골프 룰

공이 땅에 박혀 있을 때
(규칙 제25조)

러프에서는 안 되지만 페어웨이에서는 공이 땅에 박혀 있을 경우 드롭을 할 수 있다.

오하이오주 한인회 시합에 참가하다

오하이오주 한인회에서 주최하는 골프시합이 9월 22일 매리스빌 골프장에서 있었다.

매리스빌 골프장은 1932년에 9홀로 개장했다가 1970년대에 18홀로 증설하여 파 72의 정규 코스가 되었다.

이 골프장은 1930년대에 건설되었기 때문에 코스의 길이가 짧은 대신에(6,403 야드), 그린이 속된 말로 손바닥만하게 조성되어 정확한 아이언 샷을 구사하지 못하면 좋은 스코어를 내기가 어려운 곳이다. 그런데 관리가 잘 안 되어 페어웨이와 러프에 잔디가 죽은 부분이 많았다. 게다가 티잉 그라운드와 그린은 벤트그라스로 조성되어 있었지만, 페어웨이는 일반 잔디로 되어 있어 날씨가 가물 때는 한국처럼 페어웨이 바닥이 딱딱해져서 샷을 잘못하면 팔꿈치에 충격이 오기 쉬운 코스였다.

부근에 있는 수많은 골프장 중에서 왜 이런 곳을 선택했느냐고 물었더니 한국 교민이 운영하는 골프장이기 때문에 그린피를 싸게 할인받을 수 있어서 그랬다는 대답을 들을 수 있었다.

그린피를 많이 할인 받는다고 해서 참가비(1인당 75달러)가 다른 대회보다 더 싼 것도 아니었다. 물론 주문이 잘못되어서 그렇다는 주최 측의 해명이 있기는 했지만, 상품도 라면과 쌀이 거의 전부였고, 전기 프라이팬과 전기밥솥이 남녀우승자에게 주어지는 상품이었다. 설상가상인 것은 무슨 대회가 우승 트로피도 없었다. 그래서 그런지 참가자도 30여명밖에 되지 않았다. 지난번에 컬럼버스 골프 동호회에서 개최한 경기에도 86명이 참가했는데, 오하이오주 한인회에서 주최하는 시합에 고작 30여명밖에 참가하지 않았다는 것은 한인회가 어떻게 활동하고 있는지를 적나라하게 보여주는 것이었다. 더구나 여성은 달랑 2명밖에 없었다.

한인회 골프시합에 참가한다고 이야기했더니 마이크가 의아한 표정을 지으며 "아직도 한인회가 있어?"라고 물었는데, 그 말이 무슨 말인지 시합에 참가해보니 이해가 되었다.

한인회 회장님이 어느 교회 목사님이라고 했다. 그래서 그런지 경기 운영을 하는데 한인회 간부들은 한 사람도 없고, 교회의 여자 권사, 집사들이 나와서 접수를 보고 행운권도 팔았다. 교회가 주최하는 경기도 아니고, 명색이 한인회가 주최하는 경기인데, 한인회 간부들이 한 사람도 보이지 않는다는 사실이 아이러니했다.

교민사회의 단결되지 못한 모습을 보는 것 같아 우승을 하고도 씁쓸한 마음을 내내 지울 수 없는 대회였다.

타수별 차이 1

90대를 치려면 가정을 포기해야 한다.
80대를 치려면 직장을 포기해야 한다.
70대를 치려면 모든 것을 포기해야 한다.

타수별 차이 2

100타를 치면 골프공 회사를 먹여 살리고
90타를 치면 친구를 먹여 살리고
80타를 치면 골프장을 먹여 살리고
70타를 치면 가정을 먹여 살리고
60타를 치면 나라를 먹여 살린다.

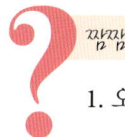

1. 오비란?

1. Booking, Ball, Bath, Beer, Bed

재미있는 골프 룰

스프링클러가 걸릴 때
(규칙 제24조)

    스프링클러가 그린에 있는 경우는 거의 없지만, 프린지에 있는 경우는 종종 있다. 이때는 스프링클러가 스탠스에 방해가 되거나 스윙 시에 클럽이 닿는 경우를 제외하고는 설사 스프링클러가 플레이 선상에 있다고 하더라도 그대로 플레이를 해야 한다.
    물론 스탠스에 방해가 되거나 스윙시 클럽이 닿는 경우에는 무벌타로 1클럽 이내에서 드롭할 수 있다.

　그린에 스프링클러가 있는 것은 보지 못했지만 배수구가 있는 경우는 종종 있다. 이 경우 배수구가 퍼팅선상에 걸린다면 공을 옮겨 놓고 플레이를 할 수 있다.

레슨 프로,
P씨와 라운딩을 하다

P씨는 학생들에게 골프를 가르치는 레슨 프로이다.

인품도 훌륭하고 무엇보다도 폼이 훌륭하기 때문에 전부터 함께 라운딩을 해보고 싶었던 분이었는데, 어느 날 P씨가 먼저 함께 라운딩을 할 수 있느냐고 물어왔다. 뭘 배워도 배울 수 있는 분이라 기꺼이 함께 치기로 했다.

P씨는 연세에 비해 비거리도 상당했고, 어프로치도 정교했다. 그런데 페어웨이든 러프든 꼭 공을 클럽으로 슬쩍슬쩍 옮겨 놓고 치는 것이었다. 그러다가 나와 눈이 마주쳤다.

미안했는지 아니면 쪽이 팔렸는지 "여기는 페어웨이의 상태가 나빠서 다들 조금씩 옮겨 놓고 치니까, 미세스 김도 옮겨 놓고 쳐요."라고 말하는 것이 아닌가? 그분에게 실망한 순간이었다.

골프는 공이 디봇에 빠지거나 길고 억센 잡초 사이에 빠지는 등 많은 위기의 상황들을 해결하면서 묘미를 느끼는 스포츠가 아니던가?

좋은 잔디 위로 옮겨 놓고 치려면 연습장에 가서 치면 되지(미국은 연습장이 전부 잔디로 되어 있다), 골프장엔 왜 나오는가 하는 생각이 들었다. 거기에다 불필요한 변명이 너무 많았다. 원하는 샷이 안 나오면 땅이 경사가 졌다느니 풀이 길어서 그린의 속도가 너무 느리다느니 하면서 모든 것을 골프장 탓으로 돌렸다.

그분은 학생들을 가르쳐야 하는 레슨 프로이기 때문에 스코어에 대한 강박관념이 아주 강한 것 같았다. 명색이 레슨 프로인 만큼 10개를 쳤네, 15개를 쳤네 하면 학생들에게 면이 안 설 것으로 생각하는 것 같았다. 그래서 소문 날까봐 아무하고나 라운딩을 안 하고 꼭 하는 사람하고만 하는 것으로 보였다.

하지만 아무리 그래도 그렇지, 옮겨 놓고 치는 것보다야 15개를 치는 게 더 떳떳한 거 아닌가. 학생들이 만약에 선생님이 공을 옮겨 놓고 치는 것을 보게 된다면 어떻게 생각할까?

옛말에 '오언가식하면 오심가기오요, 오심가기면 귀신가만호요 귀신가만하면 천지가홀호요 천지가홀하면 즉조제신가처라(吾言可食 吾心可欺乎 吾心可欺 鬼神可謾乎 鬼神可謾 天地可忽乎 天地可忽 則措諸身何處)'는 말이 있는데, 이 말은 '거짓말을 할 수는 있어도 자기 마음까지 속일 수는 없으며, 자기 마음은 속일 수 있어도 귀신까지 속일 수는 없다. 또 귀신을 속일 수 있다고 하더라도 천지를 속일 수는 없다.

그런데도 천지를 속이고 어디로 가려고 하느냐'는 의미다.

골프에 적용하면 공을 옮기지 않았다고 우길 수는 있어도 자기 마음까지 속일 수는 없고, 또 설사 자기 합리화를 하면서 귀신도 모르게 속였다고 좋아할 수는 있지만, 하늘과 땅이 보고 있는데 어찌 부끄럽지 않겠는가 라는 의미가 되지 않을까?

골프야말로 밝은 대낮에 하늘 아래에서 땅 위에 있는 공을 치는 운동인데 천지를 속여서야 되겠는가!

씁쓸함과 실망감이 교차하는 하루였다.

바람난 아내

한 남자가 울먹이며 친구에게 하소연을 하고 있었다.

"정말 믿을 수가 없네. 마누라가 도망가 버렸어."

그는 눈물까지 흘렸다.

"나하고 늘 같이 골프를 치던 친구 놈하고 눈이 맞아서."

친구가 위로했다.

"이봐, 정신 차리게, 여자가 어디 한둘인가? 여기저기 널린 게 여자라네."

훌쩍이던 남자가 정색을 하고 말했다.

"그게 아니라, 같이 도망간 놈 때문일세. 내가 골프에서 이길 수 있는 유일한 놈이었거든."

지옥에서의 골프

골프를 무지하게 좋아하던 골퍼가 골프공에 맞아서 갑자기 죽었다.

갑자기 하늘나라로 올라온 그를 보고 염라대왕이 난감해했다.

명부를 아무리 찾아봐도 천당으로 보내야 할지, 지옥으로 보내야 할지 기록이 없었기 때문이다.

한참을 고민하던 염라대왕은 그에게 천당을 갈지 지옥을 갈지 직접 선택하라고 했다. 그리고는 잘 모를 테니 먼저 지옥을 가보고 마음에 안 들면 천당을 가도 된다고 했다.

그가 지옥으로 들어가자, 사탄이 안내를 맡았는데, 사탄은 그를 지옥에 있는 골프장으로 데려갔다.

(계속)

지옥의 골프장에는 잔디가 융단처럼 깔려 있었고, 디봇자국 하나 없었다. 아름드리 나무와 깨끗한 호수. 골프의 진수를 마음껏 느낄 수 있도록 설계된 기막힌 코스들. 지상의 어느 곳에서도 보지 못했던 황홀한 경관이었다. 특히 황금빛으로 빛나는 골프카트 위에 실려 있는 티타늄 골프세트를 본 남자는 아찔한 황홀감까지 느꼈다.

당장 플레이를 해보겠다는 그에게 사탄은 지옥에 남겠다는 약속을 하기 전에는 절대 골프를 칠 수 없다고 하면서 지옥의 골프장은 철저히 회원제로 운영되고 있다고 했다.

사탄은 황금티를 만지작거리며, 회원에 가입만 하면 애니타임 무제한으로 골프를 치게 해주겠다고 약속했다. 사탄의 말에 더 생각할 것도 없다고 여긴 남자는 염라대왕에게 뛰어가서 지옥으로 가겠다고 말했다.

지옥에 입성해서 사탄과 함께 황금 골프카트를 타고 1번 홀로 향하는 남자의 기분은 날아갈 것 같았다. 티박스에 선 그는 아름다운 페어웨이를 바라보며 티타늄 드라이버로 연습 스윙을 마쳤다.

남자는 황금으로 만든 티를 정성스럽게 꽂고 나서 사탄에게 골프공을 달라고 했다. 그러자 웬걸? 사탄이 절래절래 고개를 저었다. 공이 없다는 것이었다.

"아니 뭐라고? 이렇게 훌륭한 골프장에서 그까짓 골프공 하나가 없다니? 말이 되는 소리를 해야지."

그 모습을 바라보던 사탄이 혀를 끌끌 차며 말했다.

"이 사람아! 그러니 지옥이라는 거 아닌가?"

재미있는 골프 룰

오소플레이

　연습 스윙을 하다가 공을 건드렸을 경우에는 1벌타 후 원래의 위치로 되돌려놓고 플레이를 하면 된다. 되돌려 놓지 않고 그대로 치면 2벌타가 부과된다.
　고의로 옮겨 놓았다면? 당연히 실격 처리된다

'캐디'는 어디서 온 말일까?

우리가 쓰고 있는 대부분의 말에는 어원이 있다. 골프의 '캐디' 또한 어원에 있어서 몇 가지 설이 있다.

하나는 16세기 영국 에든버러에서 포터와 같은 일을 하는 사람을 'Caddie'라고 불렀는데, 여기에서 유래했다는 설이고, 다른 하나는 영국의 왕 제임스 2세, 3세, 4세가 젊은 장교들에게 클럽을 나르게 했는데, 그 젊은 장교에 해당하는 프랑스어 'Cadet'에서 유래했다는 설이다. 그밖에도 스코틀랜드에 옛날부터 있었던 직업인 길리(Gillie)에서 왔다는 설도 있지만, 길리는 귀족들의 놀이인 피싱(낚시)에서 낚시 시중을 드는 사람을 의미하는데, 직업의 성격상 공통점은 있지만 캐디의 어원으로 보기에는 무리가 있다.

이 분야에서 많은 연구를 한 데이비드 조이(David Joy)에 의하면 16세기 에든버러에서 잔심부름이나 포터와 같은 일을 해서 용돈을 벌고 있던 사내아이들을 '캐디'라고 불렀다고 한다.

이처럼 잔심부름하는 사내아이들을 캐디라고 부르게 된 것은 첫 결혼에서 부군인 프랑스 왕과 사별하고 스코틀랜드로 되돌아 온 매리 스튜어트(Mary Stuart)가 프랑스에서 젊은 장교와 귀족의 자제들을 시종으로 데리고 왔는데, 이 시종 일과 잔심부름하는 일이 비슷했으므로 길에서 잔심부름을 하면서 뛰어다니는 사내아이들을 'Cadet'이라고 불렀던 것이 점차 영국식 표현으로 변해 'Caddie'가 되었다고 한다.

캐디 중에서 최초로 역사에 기록된 사람은 앤드류 딕슨이라는 소년이다. 그가 매리 여왕의 손자인 요크공작의 클럽을 들고 공작의 앞으로 뛰어가면서 볼의 위치를 가르쳐줬다는 1681년의 기록이 남아 있다.

이 딕슨 소년처럼 캐디를 한 아이들은 대부분 가난한 집안의 아이들이었다고 하는데, 당시에는 골프백 따위는 있지도 않았기 때문에 여러 개의 클럽을 그냥 팔로 껴안고 맨발로 코스를 뛰어다녔다고 한다.

당시 캐디 소년들에게는 골퍼가 주는 몇 푼 안 되는 팁이 유일한 낙이었는데, 어느 날 플레이를 하던 골퍼가 실수로 바로 뒤에 서있던 소년을 클럽으로 친 사건이 발생했다고 한다. 깜짝 놀라서 소년을 살펴본 골퍼가 다행히도 소년이 무사한 것을 확인하고는, 사과하는 의미에서 팁을 많이 주었다고 한다. 이후 캐디 소년들 사이에 "나리, 다음번엔 또 언제 때려주시렵니까?" 라고 말하는 것이 유행했다는 검증되지 않은 이야기도 있다.

이처럼 소년(Cadet)에서 시작된 캐디는 점차 건장한 성인이나 프로들로 바뀌게 되었는데, 그 이유는 골퍼에게 어드바이스가 필요했기 때문이다. 잘 알다시피 골퍼는 자기 캐디 이외에는 그 누구와도 상의할 수 없도록 되어 있다. 따라서 클럽의 운반이나 공 수색만을 잘하는 소년보다는 코스의 구석구석까지 잘 알고 있는 노련한 사람이나 골프를 잘 치는 프로 캐디가 선호될 수밖에 없었다.

1861년 제2회 영국 오픈(British Open)에서 챔피언이 되었던 올드 톰 모리스도 잔디 관리인 겸 캐디였다. 그는 귀족들이 플레이를 할 때 개런티를 받고 캐디로 활동하기도 했는데, "캐디는 클럽을 고르고, 골퍼는 단지 칠뿐이다."라는 명언을 남기기도 했다.

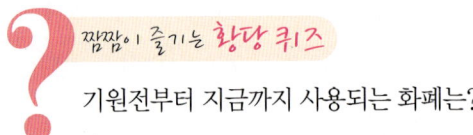

기원전부터 지금까지 사용되는 화폐는?

BC카드

캐디가 뽑은 거짓말 10선

1. 내가 만난 캐디 중에서 오늘 언니가 제일 예쁘다.
   (그런데 고객님은 왜 앞 팀 언니만 보면 눈을 못 떼세요?)
2. 언니, 뿌리는 파스 있어? 나 환자야! 오늘 볼이나 맞을런지 모르겠네.
   (그러시면서 18 홀 내기 돈 싹쓸이 하실 거잖아요.)
3. 나 오늘 머리 올리는 날이야. 잘 부탁해.
   (고객님은 라운드 때마다 머리 올리시나 봐요?)
4. 김사장이 제일 못 치니까, 김사장만 신경 써줘, 나머지 세 사람은 신경 쓰지 마.
   (그러시면서 아까 클럽 한 번 바꿔주지 않았다고 삐치셨잖아요.)
5. 나 1년 만에 클럽 처음 잡아 봐. 연습장도 한번 못 갔어.
   (근데 손가락에 붙이신 밴드는 뭐죠?)
6. 김사장, 볼 안 나갔어. 걱정하지 마.
   (그러면서 잠정구는 왜 치라고 하세요?)
7. 오늘 따라 너무 안 맞는다. 이상하네.
   (항상 그러시잖아요.)
8. 언니, 나 시력이 나빠서 공이 잘 안 보여. 잘 좀 봐 줘.
   (근데 동반자 공은 다 찾아주시고, 거리까지 불러주시잖아요.)
9. 언니, 시집 안 갔으면 우리 직원 소개시켜 줄께.
   (한 번도 진짜로 소개시켜 주시는 분 없던데요.)
10. 나 오늘만 치고 다시는 공 안 칠거야.
    (이틀 뒤에 또 부킹 돼 있는 거 다 알아요.)

캐디와의 대화

〈시작할 때〉

"사장님, 다 벗겨 놓을까예?"

"응, 몽땅 다 벗겨."

"올라가시기 전에 충분히 몸을 풀고 올라가셔야 합니데이."

"알았다. 올라간다."

"쏘셨으면 빨리 내려오시고예, 다음 분 올라갑니데이."

"빨리 내려온나! 내 올라가야 된다."

"아직 안됩니데이. 지가 쏘라고 칼 때까지 기다려야 됩니데이."

"오늘 와 이리 밀리노? 너무 많이 밀어 넣어 안 빠지는 거 아이가?"

"사장님, 처음부터 흔들면 안 되는데예."

〈페어웨이에서〉

"사장님 절대 손으로 만지면 안됩니데이."

"그럼, 발로 만지는 건 되냐?"

"너무 큰 거 잡은 거 아이라예?"

"커야 힘 있게 쏠 수 있지."

"마음먹은 대로 안 된다고 성질내시면 안 되예."

"니가 그러니까 계속 쪼로가 나지."

"사장님, 몇 번 드릴까예?"

"응, 5번은 돼야…."

"방향이 틀렸어예, 왼쪽으로 조금 도셔야 됩니데이."

"방향이 젤 어려워…."

"하체를 잘 못 잡아주시는 데예. 하체에 힘 좀 주셔야겠어예."

"응, 담엔 운동 좀 해서 튼튼하게 만들어가지고 올게."

〈그린 위에서〉

"사장님, 쪼매 빼달라고 부탁 쫌 할까예."
"뺐다."
"이젠 과감하게 쑥 집어넣으세예."
"이거 어딜 보고 해야 하나? 에라 모르겠다."
"너무 크니까 안 들어가잖아예."
"잘 들어가게 다시 닦아드릴께예."
"언니가 하라는 대로 다시 했는데도 안 들어가잖아?"
"이번에는 힘이 없으니까 안 들어가지예."
"거참, 오늘따라 되게 안 들어가네."
"자, 사장님은 들어 간 걸로 하고예, 마지막 분이 쫌 꽂아주세예."

막상막하

티를 잘 세우지 못하는 골퍼를 보고 캐디가 한마디 했다.
"그렇게 노력하고도 잘 못 세워요?"
삐친 골퍼, 경사진 홀 그린에서 공을 잘 놓지 못하는 것을 보고 캐디에게 말을 던졌다.
"그렇게 닦아주고 만져주고 해도 잘 안 서네."

세계의 명문대학

하바드 대학: 하릴없이 바쁘게 드나드는 대학
하와이 대학: 하루 종일 와이프 뒤만 졸졸 따라다니는 대학
동경 대학: 동네 경로당 대학
방콕 대학: 방에 콕 틀어박혀 있는 대학
동남아 대학: 동네에 남아서 아이들과 노는 대학

재미있는 골프 룰

플레이어나 카트가 공에 맞았을 때
(규칙 제19조)

김국진 씨가 하는 광고 중에 자기가 친 볼에 자기가 맞는 장면이 나온다.

자기가 친 볼에 자기 자신이나 자기의 전동 카트, 골프백 등이 맞았을 경우에는 1벌타를 가산하고, 공이 놓여 있는 그대로 플레이를 해야 한다. 만약에 경기와 상관없는 사람이나 동물이 맞으면 어떻게 될까?

이 경우에는 벌타 없이 공이 놓여 있는 그대로 플레이를 계속하면 된다.

신지애의 킹스밀 참피온십 우승을 보면서

　2012년 9월 10일, 미국 버지니아주 윌리엄스 버그에 있는 킹스밀 골프장 리버코스(파 71, 6,384야드)에서 연장 9차전 끝에 한국의 딸 신지애가 우승을 거머쥐었다.

　신지애 선수는 1, 2라운드에서 계속 선두를 고수하고 있었다. 하지만 와이어 투 와이어의 꿈을 가지고 출발한 3라운드에서 퍼팅 난조로 2타밖에 줄이지 못해 6개의 버디를 몰아친 미국의 아이돌 폴라 크리머에게 선두를 내줄 수밖에 없었다.

　마지막 날 폴라 크리머에게 2타를 뒤진 채 2위로 출발한 신지애 선수는 크리머가 6번 홀에서 더블 보기를 기록하면서 공동선두로 올라섰지만, 10번, 11번 홀에서 연속 보기를 기록해 다시 원위치가 됐다. 하지만 이어진 12번 홀에서 크리머가 보기를 기록했기 때문에 다시 1타 차로 좁힐 수 있었는데, 15번 홀에서는 크리머가 좀 먼 거리의 버디 퍼팅을 성공한 뒤 주먹을 불끈 쥐는 포즈를 취하더니, 신지애의 퍼팅을 기다리지 않고 다음 홀로 휑하니 가버렸다.

다음 차례는 신지애 선수의 버디 퍼팅 순서였고, 계속 크리머를 응원하던 중계 아나운서조차 "굳이 신지애의 버디 퍼팅을 보지 않고 가버려야 했는지 이해하기 어렵다."고 말했는데, 결국 신지애 선수도 버디 퍼팅에 성공해서 점수 차는 그대로 유지되었고, 18번 홀까지 더 이상 격차를 좁히지 못했다.

18번 홀에서는 두 선수 모두 투 온을 시켰지만 크리머가 홀에서 더 멀리 있었기 때문에 먼저 퍼팅을 했다. 하지만 마지막 홀을 버디로 멋지게 장식하고 우승을 해야겠다는 욕심 때문인지 크리머의 공은 홀을 스치고 지나가더니 1.5미터 정도 더 가서 멈췄다.

이제 신지애 선수는 어떻게 해서든지 홀인 시키지 않으면 안 되는 상황이었다. 하지만 신지애 선수의 공은 결국 홀 앞에서 멈춰 섰고, 연장을 갈지도 모르겠다고 생각했던 크리머는 우승 세리머니를 위해서 마무리 퍼팅을 해야만 했다.

그런데 이게 웬일? 크리머가 1.5미터 파 퍼팅에 실패를 하는 게 아닌가? 기사회생한 신지애 선수는 가까스로 연장전에 나갈 수 있게 되었다.

이어서 18번 홀에서 치러진 연장전에서 신지애 선수는 쉽게 우승을 하는 듯 했지만, 2미터 남짓한 거리에서 친 버디 퍼트가 홀 바로 앞에서 멈춰서는 바람에 다시 2차전을 할 수밖에 없었다.

2차전에서 다 같이 파를 한 두 사람은 3차전에서 공교롭게도 그린 주변의 벙커에 모두 공을 빠뜨렸다. 하지만 모두 파 세이브에 성공했다. 이후 둘은 한 치의 양보도 없는 샷 대결을 벌이면서 계속해서 파를 기록해 나갔다. 마치 버디를 해서 우승을 하는 것보다 상대방이 보기를 해서 실패하기를 바라는 것처럼….

7차전에서는 크리머의 공이 그린 왼쪽 벙커 턱에 걸려 스탠스가 매우 어려운 상황이 되어 연장전이 끝나는 듯했지만 신지애의 4미터 버디 퍼팅이 홀 바로 앞에서 멈춰서는 바람에 다시 8차전으로 갈 수밖에 없었다. 하지만 8차전에서도 우열을 가리지 못했기 때문에 일몰로 게임이 중단되었다.

그리고 다음 날, 전 날과 달리 16번 홀에서 속개된 연장 9번 째 승부에서 결국 신지애 선수가 파를, 크리머는 보기를 기록함으로써 지루한 인내심 싸움에서 신지애 선수가 최종적으로 웃을 수 있게 되었는데, 두 사람의 연장전은 2004년 다케후지 클래식에서 크리스티 커와 전설안이 벌였던 7차전의 기록을 갱신하는 LPGA 신기록이었다.

1972년 코퍼스 크리스티 시비탠 오픈에서 조앤 프렌티스가 연장 10번째 홀에서 샌드라 파머와 캐시 위트워스를 이기고 우승한 기록이 있기는 하지만, 이것은 세 사람이 벌인 연장전 기록이라는 점에서 그 차이가 크다.

골프만큼 연장전이 길거나 극적인 경기도 없는데, 1949년 미 PGA 투어 모터시티 오픈에서 캐리 미들코프와 로이드 맨그램은 연장 11번 홀까지도 승부를 내지 못했고, 결국 일몰 때문에 공동 우승으로 결정

되었으며, 국내 기록으로는 1997년 동일레나운 클래식에서 11차전까지 연장 혈투를 벌이다가 서아람이 강수연을 물리치고 우승한 것이 아직까지는 최고 기록이다.

연장전에서 선수들이 얼마나 긴장을 하는지는 1962년 유에스 오픈에서 아놀드 파머와 잭 니클라우스가 18홀 스트로크 방식으로 치렀던 연장 경기를 보면 잘 알 수 있다.

마지막 한 홀을 남기고 파머가 3타 뒤진 상황에서 니클라우스가 퍼트한 공이 홀 바로 앞에 멈춰 섰다. 지켜보던 파머가 갑자기 공을 집어 니클라우스에게 건네주며 "축하하네, 잭"이라고 하면서 악수를 청했는데, 이것은 긴장한 파머가 순간적으로 매치플레이로 착각해서 경기가 끝난 것으로 잘못 알았기 때문이다.

1998년 LPGA 유에스 오픈에서 박세리가 추아시리폰과 벌인 연장전도 잊을 수 없는 경기 중의 하나이다. 티샷으로 날아간 박세리 선수의 공이 워터 해저드 비탈에 걸렸고, 박세리 선수는 신발과 양말을 벗고 연못으로 들어갔다. 지금도 선명하게 기억되는 박세리의 눈부시게 하얀 발. 공은 정확하게 날아갔고 기사회생한 박세리 선수는 추가 연장전에서 승리를 따낼 수 있었다. 터미네이터라는 별명과 함께….

사실 연장전에서는 실력보다도 정신력이 승부를 결정짓는 경우가 많다. 연장전까지 갔다면 실력이야 똑같은 것 아니겠는가.

가끔 플레이를 하다 보면 마음대로 안 된다고 한 손으로 성의 없이 툭툭 퍼팅을 하는 사람을 많이 본다. 이런 사람들은 정신력 이전에 매너가 없는 사람들이다. 이런 사람들은 신지애가 우승한 경기를 보면서 뭔가를 느꼈으면 한다.

골프와 자식의 공통점

- 한번 인연을 맺으면 죽을 때까지 끊을 수 없다.
- 언제나 똑바른 길로 가길 염원한다.
- 끝까지 눈을 떼지 말아야 한다.
- 간혹 부부간에 의견충돌을 야기한다.
- 안 될수록 패지 말고 띄워주어야 한다.
- 잘못 때리면 다른 길로 빠져나가 비뚤어지기 십상이다.
- 남들에게 자랑할 땐 뻥이 좀 들어간다.
- 같은 뱃속(회사)에서 나왔는데도 특성은 모두 다르다.
- 비싼 과외를 해도 안 될 때가 있다.
- 18이 지나면 내가 할 수 있는 것이 하나도 없다.

'원더걸스'가 결혼하면 원더우먼이라고 부르면 된다. 그렇다면 원더걸스가 늙으면 어떻게 불러야 할까?

원할머니(보쌈)

재미있는 **골프룰**

고무래를 치우다가 볼이 움직였을 때
(규칙 제24조)

    벙커 안이나 외부에서 볼이 고무래에 닿아 있는 경우가 있다. 이런 경우 인공물은 벌타 없이 치울 수 있기 때문에 고무래를 치우고 공을 치면 된다. 만약 고무래를 치우다가 볼이 움직였을 경우에는 벌타 없이 원위치 시키면 된다.

사이클 버디를 기록하다

　사이클 버디는 파 5, 파 4, 파 3에서 연속으로 버디를 하는 것을 의미한다. 물론 홀의 배치 순서에 따라 파 3을 먼저하고 파 4를 마지막에 하는 수도 있고, 파 4를 먼저 하고 파 5를 마지막에 하는 수도 있다. 다시 말해서 순서에 관계없이 연속적으로 버디를 했는데, 버디를 한 세 홀이 각각 파 5, 파 4, 파 3인 경우를 사이클 버디라고 한다.

　일반적으로 골프장을 설계할 때 4, 5, 4, 3, 4, 4, 5, 4, 3 + 4, 5, 4, 3, 4, 4, 5, 4, 3 식으로 파를 배치해서 파 72를 구성한다. 물론 지형에 따라 위의 순서가 바뀌기도 하지만, 보통 18홀에서 플레이를 하는 동안에 4~5회 정도 3, 4, 5가 나란히 있는(순서에 무관하게) 조합이 생길 수 있다.

　일반적으로 주말 골퍼들은 버디를 한두 개 하기도 쉽지 않은데, 버디 3개를 연속으로 하면서 또 그 홀들이 파 5, 파 4, 파 3의 연속 조합인 경우는 운이 따라주지 않으면 거의 불가능하다.

9월 30일 추석이었다. 미국에서의 추석은 별다른 날이 아니지만 그래도 그냥 지나가기가 뭣해서 간단하게 미국식으로 차례를 지내고, 마침 일요일이었기 때문에 뉴알바니링크스 골프장으로 향했다.

	우리는 오후 1시 40분에 티오프 시간을 받았는데, 교통 사정 때문에 1시 45분에 티잉 그라운드에 도착할 수 있었다.

	진행을 보는 사람이 지각이라고 하면서 지금 티샷을 준비하고 있는 팀이 나가면 그 뒤에 나가라고 했다. 미안하다고 이야기를 한 후 앞 팀이 나갔기 때문에 몸을 풀 사이도 없이 티박스로 올라갔다.

	1번 홀을 보기로 시작해서 기분이 언짢았는데, 4번홀(파 5)에서 오비까지 나는 바람에 6 온을 시키고 투 퍼팅을 해서 트리플 보기를 기록했다. 결국 전반 나인 홀에서 7타를 더 쳐서 43개를 기록하고 후반 나인 홀로 넘어갔다.

	후반전에서는 파와 보기를 교대로 해서 스코어가 줄어들지를 않았다. 그러다가 14번 홀 파 5(레드 430야드)에서 처음으로 버디를 할 수 있었다. 그리고 15번 홀(파 4, 290야드)에서 다시 버디를 함으로써 사이클 버디 찬스를 만들 수 있었다.

	16번 홀은 136야드(레드)짜리 파 3인데, 연못의 길이가 120야드 정도 되고, 오른쪽으로 연못이 그린을 감싸다가 끝나는 지점부터 벙커가 그린 끝까지 입을 벌리고 있다. 왼쪽 역시 좁은 그린 뒤의 절반가량을 벙커가 차지하고 있어 자칫하면 연못에 빠뜨리거나 아니면 그린 좌우측의 벙커에 빠뜨리기 쉬운 홀이다.

　지난번에도 사이클 버디를 노렸다가 번번이 실패를 했기 때문에 집중을 해서 7번 아이언으로 샷을 했다. 1.5~2미터 정도의 거리에 온이 된 것으로 보였다.

　그린으로 가서 보니 약 1.7미터 정도 되는 것 같았는데, 라인 우측이 약간 높은 내리막 라인으로, 기울기가 일정치 않아서 퍼팅 라인이 별로 좋지 않았다.

　사이클 버디를 노리지 않는다면 홀 근처에 갖다 붙여서 파를 하면 되는데, 사이클 버디를 해야 했기 때문에 조금 세게 쳐서 라인을 극복해야겠다고 생각했다. 안 들어가면 내리막으로 홀을 많이 지나치기 때문에 보기 이상을 각오해야 했다.

평소 때라면 홀에서 10센티미터 정도 오른쪽을 보고 살짝 쳤겠지만, 꼭 넣어야 한다는 일념으로 홀의 오른쪽 벽을 조준했다.

두 번 연습 퍼팅을 하고 반 발짝 앞으로 나가 심호흡을 깊게 한 후 퍼터를 길게 밀어주었다. 퍼터에 밀린 공은 라인을 극복하면서 거의 일직선으로 내려가다가 약간 좌측으로 휘면서 그대로 홀의 뒷벽을 때렸다. 사이클 버디였다.

그런데 동반자들은 내가 사이클 버디를 한 줄도 모르고 뭔 퍼팅을 그렇게 세게 하느냐고 다들 한마디씩 했다.

"사이클 버디야!"

"뭐? 어디 봐! 정말이네!"

자기들은 버디 하나도 감지덕지인데 사이클 버디를 했다고 맥주를 사란다.

"까짓 거, 맥주 산다. 사!"

골프와 여자의 공통점

마음대로 안 된다.
돈과 시간이 많이 든다.
넣으면 소리가 난다.

재미있는 골프 룰

자연 장애물
(규칙 제23조)

　나뭇잎, 나뭇가지, 솔방울, 돌멩이 등 자연적인 장애물은 스루 더 그린(벙커와 해저드를 제외한 코스 내)에서 벌타 없이 치울 수 있다.
　이때 공이 움직이게 되면 1벌타를 받은 후 공을 원위치 시켜야 한다.
　조심해야 할 것은 모래나 흙은 그린 위에서만 치울 수 있다는 것이다. 페어나 러프 지역에서 치우게 되면 2벌타를 받게 된다.